MUNDO)real

Workbook

Nivel

2

CAMBRIDGE
UNIVERSITY PRESS

University Printing House, Cambridge CB2 8BS, United Kingdom

One Liberty Plaza, 20th Floor, New York, NY 10006, USA

477 Williamstown Road, Port Melbourne, VIC 3207, Australia

4843/24, 2nd Floor, Ansari Road, Daryaganj, Delhi – 110002, India

79 Anson Road, #06–04/06, Singapore 079906

Torre de los Parques, Colonia Tlacoquemécatl del Valle, Mexico City CP 03200, Mexico

Cambridge University Press is part of the University of Cambridge.

It furthers the University's mission by disseminating knowledge in the pursuit of education, learning and research at the highest international levels of excellence.

www.cambridge.org
Information on this title: www.cambridge.org/9781107414365

First published 2014

20 19 18 17 16 15 14 13 12 11 10 9 8 7 6 5 4

Authors:
María Carmen Cabeza, Paula Cerdeira, Francisca Fernández, Luisa Galán, Amelia Guerrero, Emilio José Marín, Liliana Pereyra, Francisco Fidel Riva and Ana Romero.
Coordination Team: David Isa and Nazaret Puente.

ISBN - Workbook: 978-1-107-41436-5

Printed in Mexico by Editorial Impresora Apolo, S.A. de C.V.

Editorial Coordination:
Mar Menéndez

Edition:
David Isa

Cover Design:
Juanjo López

Design and Layout:
Sara Serrano and Juanjo López

Illustrations:
Carlos Yllana

Photos:
See page 93

Editorial Edinumen
José Celestino Mutis, 4. 28028 Madrid. España
Teléfono: (34) 91 308 51 42
e-mail: edinumen@edinumen.es
www.edinumen.es

CONTENTS

VOCABULARIO

1.1. **Complete the sentences with an event in the past that fits the description.**

Lo pasé fenomenal en el viaje de fin de curso.

a. .... fue un rollo.

b. No me gustó ....

c. .... fue muy divertida.

d. Me gustó mucho ....

e. Lo pasé genial con ....

f. .... fue muy interesante.

1.2. **Put the following words in the correct order to form logical sentences. Use correct spelling and include accents as needed.**

a. Andrés/a María/casa/playa./de/la/visitó/en/su ....

b. discutieron./Ayer/y/Marta/Pedro ....

c. pasada/semana/Valencia./estuve/La/en ....

d. Carolina/por/regalo/el/enviaron/y Arturo/correo. ....

e. Mi/estudió/cinco/en/años/hermano/EE.UU. ....

f. Juan/a Marta/regalo/un/compró/por/cumpleaños./su ....

1.3. **a.** **Complete the chart with the words from the list associated with each category relating to travel.**

hotel · avión · boleto · senderismo · refugio · mochila · saco de dormir · maleta · tren

Medios de transporte			
Actividades al aire libre			
Alojamientos			
Objetos			

b. **Complete the sentences with the words from the previous activity.**

1. Si vas de excursión a la montaña, puedes alojarte en un ....

2. Muchas personas compran sus .... de avión en Internet.

3. Me gusta mucho caminar, por eso cuando voy al campo hago ....

4. La .... es muy cómoda, porque llevas el equipaje en la espalda.

5. Si duermes al aire libre, lo mejor es el ....

1.4. **Fill the blanks with the correct words from the list to complete the sentences.**

un rollo · mucho · nada · fenomenal · fatal · bastante · divertido

a. Ayer salimos al centro y lo pasamos .... Tenemos que repetir.

b. Mi hermano se leyó este libro y dice que le gustó .... Dice que la historia es maravillosa.

c. El viaje en tren no me gustó .... Fue muy aburrido.

d. La película que vimos ayer fue .... Me dormí a los quince minutos de empezar.

e. El nuevo programa de televisión es muy divertido y me río ....

f. Fue mi primer viaje en avión y lo pasé .... ¡Qué miedo!

g. La Plaza Central no me gustó ...., pero los edificios sí.

1.5. **Write complete sentences using the following expressions.**

a. Lo pasé muy bien. ➡ ....

b. Me gustó mucho. ➡ ....

c. Lo pasó fatal. ➡ ....

d. Fue horrible. ➡ ....

e. No le gustó nada. ➡ ....

1.6. **Write the words from the list that have a stress on the last syllable.**

concierto · maleta · libro · caja · amor · visión · ojo · cajón · Alberto · botella · sofá ·
vivir · ciempiés · calor · cortina · pantalón · calculadora · revista · billete · Raquel · Jesús

Las palabras agudas

1.7. **Match each question with the appropriate answer.**

1. ¿Cuándo fuiste de viaje? ...... •

2. ¿Dónde fuiste? .... •

3. ¿En qué fuiste? .... •

4. ¿Con quién fuiste? .... •

5. ¿Cómo lo pasaste? .... •

6. ¿Qué hiciste? .... •

• a. Con mis padres y mi hermana pequeña.

• b. En avión.

• c. Ir a la playa, montar en barco, excursiones…

• d. A Menorca, una isla del Mediterráneo.

• e. ¡Genial!

• f. El verano pasado.

1.8. **Alberto is telling his friend about his last trip. Read the conversation and answer the questions.**

a. ¿Qué sorprendió más a Alberto de México?
....

d. ¿Qué comió Alberto en México? ¿Le gustó?
....

b. ¿Qué ciudades visitó Alberto?
....

e. ¿Qué vio Alberto en Teotihuacán y en Chichén Itzá? ....

c. ¿Qué espectáculo fue a ver Alberto? ¿En qué ciudad? ....

f. ¿Dónde compró Alberto el regalo para su amiga? ¿Qué es? ....

> ❯ Bueno, Alberto, explícanos qué tal fue tu viaje a México.
> ❯ ¡Buah! ¡Fue fantástico, México es un país fascinante!
> ❯ Pero cuéntanos…
> ❯ A ver, lo que más me sorprendió fue lo grande que es. ¿Sabes que la capital tiene casi 9 millones de habitantes?
> ❯ ¡Guau! ¿Y qué hiciste allí?
> ❯ Pues muchas cosas, primero estuvimos en ciudad de México, la capital, o como dicen los mexicanos, el D.F., allí visitamos el Museo Nacional de Antropología, la Catedral, la plaza del Zócalo –donde se encuentran las ruinas de la antigua capital azteca–, también fuimos un día a ver las pirámides de Teotiuhacán…
> ❯ Ya veo, un viaje muy cultural…
> ❯ Sí, en el D.F. hay mucho que ver, pero bueno, no solo visitamos museos y monumentos, también paseamos por la ciudad y fuimos de compras por la zona rosa –donde están todas tiendas, bares y restaurantes–. Un día también vimos un espectáculo de mariachis que cantaron rancheras y, ¿sabes?, sacaron a mi padre al escenario para cantar con ellos… ¡fue muy divertido!
> ❯ ¿Y qué comiste? Dicen que la comida mexicana está muy buena…
> ❯ Sí, a mí me gustaron mucho los nachos con guacamole y los burritos, están mucho más buenos que aquí, eso sí, hay que estar preparados para el picante.
> ❯ Y después de la capital, ¿dónde estuviste?
> ❯ Pues después nos fuimos unos días a la playa, a Cancún, fuimos en avión. Allí estuvimos todos los días en la playa. También hicimos una excursión para ver las ruinas de la antigua ciudad de Chichén Itzá, con su famosa pirámide de Kukulcán, declarada Patrimonio de la Humanidad. ¡Ah! Y fuimos varios días al pueblo, que es menos turístico y puedes ver cómo vive la gente de allí, visitamos algunos mercados tradicionales y te compré un regalito…
> ❯ ¡Ay! ¡Qué ilusión! ¿Y qué es?
> ❯ Bueno, son unos pendientes de plata, que es muy típica de allí.
> ❯ ¡Muchas gracias, Alberto!

1.9. **Write a brief paragraph describing your last trip.**

....
....
....
....
....
....
....

GRAMÁTICA

Preterit of regular verbs

1.10. Complete the chart with the correct form of the verbs in the preterit. Be sure to include accents as needed.

(nosotras) viajar		(ellos) estudiar		(ustedes) volar	
(ellos) comprar		(tú) tomar		(ellos) caminar	
(usted) bañarse		(nosotros) navegar		(tú) pensar	
(yo) mirar		(ellas) viajar		(él) chatear	
(ustedes) bailar		(yo) trabajar		(ellos) llegar	

1.11. Match the infinitives ending in *-er/-ir* with their appropriate form in the preterit.

1. *(nosotros)* vivir .... •
2. *(ellos)* comer .... •
3. *(yo)* salir .... •
4. *(ellas)* vivir .... •
5. *(ustedes)* beber .... •
6. *(tú)* escribir .... •
7. *(usted)* salir .... •
8. *(él)* abrir .... •
9. *(ustedes)* subir .... •
10. *(nosotras)* escribir .... •

• **a.** subieron
• **b.** salí
• **c.** comieron
• **d.** abrió
• **e.** bebieron
• **f.** escribimos
• **g.** vivimos
• **h.** escribiste
• **i.** vivieron
• **j.** salió

1.12. Write the correct preterit form of the verbs in parenthesis to complete the sentences. Be sure to include accents as needed.

a. Ayer .... *(comer, yo)* en un restaurante del centro.

b. En 2006 .... *(vivir, nosotros)* cinco meses en Canadá.

c. La semana pasada Shakira .... *(cantar)* en el estadio olímpico.

d. El verano pasado mi hermana nos .... *(escribir)* una postal desde Estocolmo.

e. El mes pasado mis padres .... *(visitar)* Puerto Rico.

f. El martes pasado .... *(comer, nosotros)* en el comedor del colegio porque no tuvimos tiempo de volver a casa.

g. Andrés .... *(navegar)* en Internet tres horas seguidas y .... *(escribir)* correos a todos sus amigos.

1.13. **Select the correct form of the verb to complete the sentences.**

    a. Ayer mi hermano **tomó** / **toma** café en casa de Pedro.

    b. El mes pasado Andrea **cumple** / **cumplió** 17 años.

    c. Cervantes **escribe** / **escribió** El Quijote.

    d. Nosotros **organizaron** / **organizamos** el concurso.

    e. **Compré** / **Compra** un coche en centro de la ciudad.

    f. Jimena y Albert me **invitan** / **invitaron** al cine anoche.

    g. Antonio **estudia** / **estudió** durante tres años.

    h. Pedro **visitó** / **visita** ayer al médico.

1.14. **Write the correct preterit form of the verbs in parenthesis to complete the paragraph about Roman's trip to Mexico. Be sure to include accents as needed.**

"Fue fantástico. México es un país precioso. .... *(Comer, nosotros)* muy bien, muy barato pero un poco picante. .... *(Asistir, nosotros)* a un espectáculo y .... *(escuchar, nosotros)* rancheras. La gente era muy amable con nosotros y nos .... *(invitar, ellos)* a todo. .... *(Visitar, nosotros)* las ruinas de Tenochtitlán y .... *(tomar, nosotros)* muchas fotografías. .... *(Entrar, nosotros)* en una pirámide y .... *(comprar, yo)* unos aretes de plata para mamá porque la plata es muy típica de allí".

1.15. **Complete the sentences with the correct preterit form of the verbs in parenthesis. Use correct spelling and include accents as needed.**

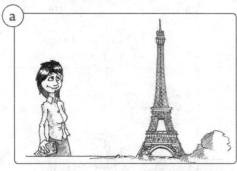

a

.... *(Subir, yo)* a la Torre Eiffel.
.... *(Visitar, yo)* la Catedral de Notre Dame.
.... *(Comer, yo)* crepes.
.... *(Viajar, yo)* a Eurodisney.

b

.... *(Visitar, nosotros)* a la Torre del Oro.
.... *(Ver, nosotros)* un espectáculo de flamenco.
.... *(Comer, nosotros)* paella de pescado.
.... *(Bailar, nosotros)* sevillanas.

c

.... (Comer, yo) pato laqueado.

.... (Caminar, yo) por la Ciudad Prohibida.

.... (Comer, yo) arroz con palillos.

Me .... (tomar, yo) una foto en la plaza de Tian'anmen.

d

.... (Subir, nosotros) a la Sagrada Familia.

.... (Pasear, nosotros) por la playa de la Barceloneta.

.... (Comprar, nosotros) flores en las Ramblas.

.... (Visitar, nosotros) el estadio olímpico.

1.16. **Look at the pictures and focus on the things the people were doing. Choose the correct expression to complete the sentence.**

1. La semana pasada Andrés .... muy bien en el cine.

    a. lo pasó   **b.** fue

2. Ayer mis amigos fueron a cenar al restaurante "La Torre" y .... mucho.

    a. lo pasaron   **b.** les gustó

3. Fernando quedó con Miguel para ver una película. A Fernando ...., pero para Miguel .... un rollo.

    a. le encantó/fue   **b.** lo pasó/fue

4. Sandra y Sonia fueron el finde a un karaoke y .... fenomenal.

    a. lo pasan   **b.** lo pasaron

DESTREZAS

Leer

1.17. **Read the following text about a strange trip and answer the questions below.**

El viaje más extraño de mi vida fue el otoño pasado, cuando mi amigo Pedrito me invitó a pasar unos días en su casa del pueblo, en Salamanca, donde viven sus abuelos. Salimos de Madrid un viernes por la tarde, hicimos el viaje en coche. Durante el viaje Pedrito me contó que el pueblo de sus abuelos era muy pequeño y que casi no vivía nadie. Las fábricas cercanas cerraron y los habitantes del pueblo se fueron marchando a ciudades más grandes con más trabajo y más comodidades. Cuando Pedrito era pequeño había una piscina y varias tiendas y restaurantes, pero de todo aquello solo quedó una pequeña tienda-bar. Como fuimos a preparar un trabajo para clase, no me importó, pensé que la tranquilidad era lo que necesitábamos.

A las ocho de la tarde llegamos al pueblo, ya era de noche y me sorprendió no ver a nadie por las calles, ni un perro, nada, solo silencio, parecía un pueblo fantasma…

Llegamos a la casa de la familia de Pedrito, llamamos al timbre… nada, ni un ruido, ni una señal de vida. Mi amigo gritó: "¡Abuelos!, ¡abuelos!". Están un poco sordos –me dijo, pero nadie contestó–. Pedrito, extrañado, fue a llamar a su vecino Pepe. Él nunca sale de casa –me dijo–. Pero en casa de Pepe nadie abrió.

Decidimos esperar, mientras Pedrito me enseñó la casa, el jardín, su habitación, nos cambiamos de ropa y nada, nadie llegó. Entonces, preocupados, decidimos salir a buscar a los abuelos. Caminamos mucho rato pero no vimos a nadie en las calles, ni en sus casas vacías… Por fin, nos pareció ver a lo lejos de la calle mayor una tenue luz. ¡Es el bar! –me dijo Pedrito–. Nos acercamos, escuchamos el sonido de una televisión, parecía… una película… Entonces empujamos la puerta para entrar y… ¡misterio resuelto! El dueño del bar había comprado una televisión con pantalla gigante y ¡todo el pueblo fue allí a celebrarlo!

a. ¿Dónde fue de viaje el protagonista? ....

b. ¿Con quién fue? ....

c. ¿Cuándo fue de viaje? ....

d. ¿Para qué fue a ese lugar? ....

e. ¿Qué le extrañó al protagonista cuando llegó al pueblo? ....

f. ¿Qué hicieron al no ver a nadie en casa? ....

g. ¿Dónde encontraron los dos amigos a los abuelos de Pedrito? ....

h. ¿Por qué fue al bar toda la gente del pueblo? ....

Hablar

1.18. Tell your partner about the strangest or most amazing trip you have ever been on.

Escuchar

1.19. 🎧 1 **Listen to the conversation between Paco and Marta and answer the questions below.**

    a. ¿Dónde y con quién fue Paco el fin de semana? ....

    b. ¿Cómo se lo pasó? ....

    c. ¿Qué hizo Marta el fin de semana? ....

    d. ¿Cómo se lo pasó Marta? ....

    e. ¿Qué les enseñó a hacer Javi a Paco y a su amigo Santi? ....

    f. ¿Cuál fue la mejor experiencia de Paco durante el fin de semana? ....

    g. ¿Cuál es el consejo que aparece en el diálogo? ....

1.20. 🎧 1 **Listen to the conversation again and complete the sentences with the appropriate words.**

    a. Paco y sus amigos hicieron .... y se .... en el río.

    b. Paco fue a la sierra en .... y a ....

    c. Por suerte, Paco no llevó mucho peso en la ....

    d. Paco durmió en ....

    e. A Paco no le dio miedo encontrar ....

    f. Según Paco, la montaña es .... pero también puede ser ....

Escribir

1.21. Write a friend an e-mail explaining your last excursion or trip to the countryside (Where did you go? How did you get there? What did you do? Did you enjoy it?). Remember to complete all the e-mail information.

● ● ●	Asunto: Mi última excursión
De:	Para:

CULTURA. *¡VIVAN LAS VACACIONES!*

1.22. **a.** **Read the following texts and then match each title with the corresponding text.**

> 1. El ecoturismo.
>
> 2. El turismo: una actividad económica en expansión.
>
> 3. Diferentes tipos de turismo.

El turismo en México es uno de los motores de su economía. Es el segundo país del continente americano más visitado por turistas extranjeros. Estadounidenses, canadienses, europeos y latinoamericanos de otros países son, por este orden, las nacionalidades que más lo visitan.
Las atracciones turísticas más importantes son su clima templado, sus paisajes y costas y su cultura que combina elementos coloniales europeos, principalmente de origen español, y precolombinos.

Costa Rica es un pequeño país de América Central que recibe miles de turistas interesados en su enorme diversidad de paisajes, especies animales y vegetales; además, también encontramos numerosos volcanes y restos históricos precolombinos.
Por todo esto, el gobierno de Costa Rica, junto a las empresas dedicadas al turismo, son pioneros en desarrollar la actividad turística de una manera sostenible y respetuosa con el medioambiente. Por eso, es admirada internacionalmente.

España ocupa uno de los primeros puestos como destino turístico mundial. Los turistas visitan España atraídos por su paisaje, su cultura y su gastronomía. En España la actividad turística es muy variada y podemos encontrar muchos tipos de alojamiento que dependen del tipo de turismo. Los más frecuentes son hoteles y apartamentos para el turismo de playa; y refugios y casas rurales para el turismo rural y de montaña. Por otra parte, hostales, albergues y pensiones son las opciones económicas para los más jóvenes.

b. **Find the sentences and expressions in the texts that have the same meaning as the following sentences about tourism.**

1. Costa Rica fue uno de los primeros países que desarrolló el ecoturismo. ....
....

2. Uno de los aspectos más valorados de la cultura mexicana es su carácter mestizo. ....
....

3. España es muy visitado porque sus regiones tienen diferentes paisajes, arquitectura, cocina, etc.
....

4. La actividad turística en México ocupa un lugar muy importante en su economía. ....
....

5. En España hay opciones para todos los gustos. ....

UNIDAD 2

VOCABULARIO

2.1. Read the front page of a school newspaper and complete the headlines with the correct preterit form of the verbs in parenthesis.

LA REPÚBLICA DE LA ESCUELA

TITULARES

- Nuestros compañeros de ciencias .... (ganar) el premio nacional. ¡Felicidades!
  (más en pág. 2)

- ¿Celulares en clase? Los profesores .... (votar) ¡no!
  (más en pág. 2)

- Las vacaciones de verano están muy cerca. ¿................... (Pensar) qué hacer con tu tiempo libre?Tenemos muchas ideas.
  (más en pág. 2)

- El problema de la primavera. ¿Suéter o camiseta? ¿................... (salir) preparado de tu casa?
  (más en pág. 2)

CORAZÓN

- P. y O. .... (pasear) juntos en el parque! La muchacha más guapa .... (regresar) de sus vacaciones y trajo muchas fotos.
  (más en pág. 4)

DEPORTES

- El equipo de fútbol .... (ser) seleccionado para jugar la competición regional. El fin de semana pasado ganó.
  (más en pág. 3)

2.2. Complete the paragraph with the correct words from the list.

> presentador • prensa • portadas • noticias • titulares • corazón • medios de comunicación
> • periodistas • revistas • paparazzi

La semana pasada nos visitó un famoso .... de informativos para hablarnos de la importancia de los .... en Latinoamérica. Nos enseñó las .... de varios periódicos y leímos juntos lo más importante de las .... en sus .... También hablamos de los diferentes tipos de .... escrita. Por último, criticamos el trabajo de los .... que escriben en .... del .... y a los .... que hacen fotografías a famosos sin su consentimiento.

2.3. Put an accent on the following *palabras llanas* (with the stress on the penultimate syllable).

a. lapiz

b. casa

c. azucar

d. planta

e. util

f. movil

g. Rodriguez

h. mano

i. libro

j. arbol

k. facil

l. mesa

m. dibujo

n. Almodovar

ñ. prensa

GRAMÁTICA

Preterit of irregular verbs

2.4. Select the verbs from the list that are irregular in the preterit tense and conjugate them in the correct forms to complete the chart..

poder · comer · beber · hacer · decir · escribir · vivir · salir · cantar · dar · bailar · saltar			
yo			
tú			
usted/él/ella			
nosotros/as			
vosotros/as			
ustedes/ellos/ellas			

2.5. Read the following article about Spain's victory at the 2010 World Cup.

TODOS CON LA ROJA

Por primera vez en su historia, la selección española de fútbol consiguió proclamarse campeona del mundo en el Mundial de Sudáfrica 2010. La selección, conocida familiarmente como "La Roja" (por el color de su camiseta), venció en la final frente a Holanda, gracias al único gol de Andrés Iniesta, que fue recibido por los aficionados como un auténtico héroe nacional. Al finalizar el partido, el portero, Iker Casillas, levantó el trofeo de campeones. Horas después, y tras un largo viaje en avión, una multitud de seguidores recibió a los triunfadores en Madrid. Allí se celebró un gran desfile por las calles de la capital de España. Muchos aficionados no pudieron contener las lágrimas de emoción por un triunfo histórico que unió a todo un país al grito de ¡viva La Roja! España ya había ganado la Eurocopa frente a Alemania en 2008.

a. Answer the following questions about the text.

1. ¿En qué año ganó España el Mundial de Fútbol? ....
2. ¿Cómo se conoce familiarmente a la selección? ....
3. ¿Quién fue el autor del gol de la victoria? ....
4. ¿Contra qué equipo jugó España la final? ....
5. ¿Qué jugador levantó el trofeo de campeones? ....
6. ¿Cómo celebraron los futbolistas su triunfo? ....
7. ¿Qué otras victorias ha conseguido "La Roja"? ....

b. Underline the verbs in preterit in the text and write their infinitive forms.

preterit		infinitive		preterit		infinitive
consiguió	→	conseguir			→	
	→				→	
	→				→	
	→				→	

c. Write three sentences using the preterit with three verbs you choose from the text.

La semana pasada recibí un correo electrónico de mi amiga Eva.

....

....

....

2.6. Complete the following sentences with the appropriate preterit form of the verb in parenthesis. Use correct spelling and include accents as needed.

a. Ayer Ainhoa no .... *(poder, ella)* ir a clase porque estaba enferma en la cama.

b. En el concierto de Lady Gaga nos .... *(poner, nosotros)* muy cerca para ver mejor a la cantante.

c. El fin de semana pasado .... *(hacer)* muy mal tiempo y no ....
(poder, nosotros) ir de excursión a California.

d. ¿Por qué no .... *(venir, tú)* a mi fiesta de cumpleaños? .... *(Ser, ella)* muy divertida y nos .... *(reír, nosotros)* mucho.

e. Marta y Jaime no .... *(querer, ellos)* venir con nosotros a esquiar.

f. Ayer te .... *(decir, yo)* que no me gusta nada ese libro.

g. Alberto y Natalia .... *(traer, ellos)* de su viaje por Argentina muchos regalos para todos.

h. Toma, María me .... *(dar, ella)* este libro para ti, me .... *(decir, ella)* que te lo regala.

i. Ayer me .... *(poner, yo)* el abrigo porque es nuevo y me encanta.

j. El curso pasado .... *(hacer, yo)* un trabajo de ciencias muy divertido.

2.7. Select the correct option.

➤ ¿Qué **haciste/hiciste** ayer?

➤ Por la mañana **esté/estuve** en casa estudiando y por la tarde **fui/fue** con mi hermana al cine. ¿Y vosotros?

➤ Pues nosotros **querimos/quisimos** ir a ver un partido de baloncesto porque a mi padre le **daron/dieron** unas entradas, pero al final no **podimos/pudimos** ir porque mi hermana pequeña se **ponió/puso** enferma y **tevimos/tuvimos** que llevarla al médico.

➤ ¿Y al final **fui/fue** todo bien?

➤ Sí, le **hicieron/hacieron** pruebas y le **daron/dieron** medicamentos, y se **puso/ponió** bien.

2.8. Use the preterit and the images to describe what happened to Pedro, a very absent-minded boy.

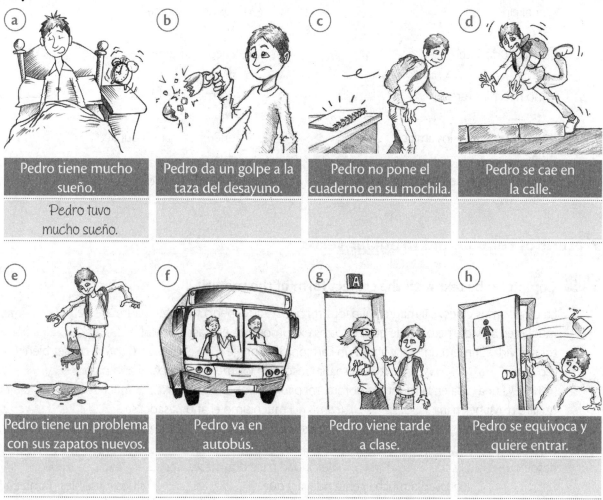

ⓐ Pedro tiene mucho sueño.	ⓑ Pedro da un golpe a la taza del desayuno.	ⓒ Pedro no pone el cuaderno en su mochila.	ⓓ Pedro se cae en la calle.
Pedro tuvo mucho sueño.			

ⓔ Pedro tiene un problema con sus zapatos nuevos.	ⓕ Pedro va en autobús.	ⓖ Pedro viene tarde a clase.	ⓗ Pedro se equivoca y quiere entrar.

2.9. When did you last do these things? Use the time markers from the box and write sentences using the preterit.

> el otro día · ayer · anoche · el fin de semana pasado · el año pasado · el mes pasado
> · en agosto · en diciembre · en verano · hace dos años

- acostarse tarde
  ➡ _Me acosté tarde anoche._

- tener dolor de cabeza
  ➡ ....

- ducharse
  ➡ ....

- andar por el centro
  ➡ ....

- ver una película en la televisión
  ➡ ....

- estar enfadado
  ➡ ....

- ir de excursión
  ➡ ....

- estar enfermo
  ➡ ....

- poner la radio
  ➡ ....

- venir tarde
  ➡ ....

- tener gripe
  ➡ ....

- hacer la comida
  ➡ ....

- venir a la escuela sin bolígrafo
  ➡ ....
- ir al cine
  ➡ ....
- hacer un pastel
  ➡ ....
- no hacer las tareas
  ➡ ....
- querer salir con los amigos
  ➡ ....
- hacer mucho deporte
  ➡ ....

- aprobar todas la asignaturas
  ➡ ....
- ser delegado de la clase
  ➡ ....
- encontrar dinero en la calle
  ➡ ....
- dormir doce horas
  ➡ ....
- querer cantar en público
  ➡ ....
- andar 12 kilómetros
  ➡ ....

Preterit of regular and irregular verbs

2.10. **Complete the text with the correct form of the preterit.**

En casa somos cinco. Mi madre, mi padre, mi hermana, el perro y yo. Mi madre .... (trabajar) mucho en su vida, pero desde que nosotras existimos está en casa. Mi padre .... (conducir) toda la vida, primero un taxi y ahora un camión. Siempre le .... (gustar) comer bien y por eso .... (viajar) por toda España buscando los mejores platos. El año pasado .... (comprar) una casa en la montaña porque mi padre siempre .... (querer) tener un lugar con un jardín. Mi hermana .... (cambiar) muchísimo el año pasado: se .... (comprar) un departamento, ... (volver) a estudiar y .... (aprender) a cocinar. .... (Comer, nosotros) juntos el fin de semana pasado, ... (hablar) mucho porque nos vemos poco desde que .... (cambiar, yo) de ciudad hace dos meses. Les .... (explicar, yo) que .... (conocer) a mucha gente nueva y que .... (ver) sitios increíbles. También les .... (contar) que .... (ver) los museos de la ciudad.

2.11. **Complete the sentences with the correct form of the preterit.**

a. .... (Discutir, yo) con mis padres pero, al final, puedo ir a la fiesta de Sonia.

b. Ayer .... (desayunar, yo) un café con leche solamente porque .... (despertarse, yo) muy tarde.

c. ¿Dónde .... (poner, tú) mi celular?

d. .... (Decir, él) mil veces que estaba cansado.

e. ¿........................... (Abrir, tú) la ventana? Te dije que tenía calor.

f. Sherlock .... (resolver, él) el problema. El asesino .... (confesar, él). Crimen resuelto.

g. .... (Ir, nosotros) a Praga de vacaciones en agosto.

h. Ayer en clase .... (estudiar, nosotros) la Capilla Sixtina.

i. ¿........................... (Ver, ustedes) Manual de amor? Me encantó esa película.

j. Está claro que .... (copiar, ustedes). Los exámenes son idénticos.

k. Paula y Joan .... (guardar, ellos) sus abrigos en el armario.

l. Los alumnos .... (escribir, ellos) una redacción sobre sus viajes.

2.12. **Write about a perfect day you had. What was it like? What happened? Where did you go?**

Ayer tuve el mejor día de mi vida...

2.13. **Look back at your life as an 80 year old and indicate whether or not you did the following things.**

- visitar Barcelona
  ➡ ....
- viajar a China
  ➡ ....
- hacer un curso de fotografía
  ➡ ....
- aprender otro idioma
  ➡ ....
- comprar una computadora
  ➡ ....
- jugar todo un fin de semana a la Xbox
  ➡ ....
- conocer a Orlando Bloom
  ➡ ....
- ver películas antiguas
  ➡ ....
- jugar en la NBA
  ➡ ....

- comer todo el chocolate del mundo
  ➡ ....
- ir de excursión con el colegio
  ➡ ....
- leer libros de adultos
  ➡ ....
- estar en la calle hasta media noche
  ➡ ....
- ganar un premio
  ➡ ....
- ir al concierto de Rihanna
  ➡ ....
- ayudar a mi padre a poner un foco
  ➡ ....
- conducir
  ➡ ....
- discutir con mis padres
  ➡ ....

2.14. **Pedro had a horrible day. Complete the sentences with the correct form of the preterit.**

"Ayer .... (dormir, yo) muy mal. .... (Tener, yo) unas pesadillas horribles. .. .. (Soñar, yo) con gatos y con serpientes. El despertador .... (sonar, él) a las siete y media pero yo lo .... (parar, yo) y .... (seguir, yo) durmiendo. .... (Despertarse, yo) a las diez y media. .... (Ducharse, yo) muy rápido y .... (ir, yo) sin desayunar a la escuela. El Sr. Vicente, el profesor de Literatura, me .... (castigar, él) sin recreo porque .... (llegar, yo) tarde, así que .... (estar, yo) en clase solo y mis amigos .... (jugar, ellos) un partido de fútbol. .... (Terminar, yo) las tareas de Matemáticas y .... (esperar, yo) a mis compañeros. .... (Tener, nosotros) dos horas más de Matemáticas y Ciencias. La profesora de Ciencias

Naturales, Elena, ... *(enfadarse, ella)* y .... *(poner, ella)* muchísimas tareas para mañana porque Marc y Angélica .... *(hablar, ellos)* durante la lección. Yo .... *(protestar, yo)* pero no .... *(cambiar, ella)* de opinión".

2.15. **Here you have a fragment from Rosa's diary. Complete the text with the correct form of the preterit.**

Después de las clases de la mañana (1) .... *(ir, yo)* a casa y (2) .... *(comer, yo)* una quesadilla que (3) .... *(hacer)* mi madre. (4) .... *(Ver, yo)* la televisión un rato y (5) .... *(cambiarse, yo)* de ropa porque (6) .... *(hacer, yo)* Educación Física. (7) .... *(Volver, yo)* a la escuela a las tres. Como (8) .... *(llegar, yo)* pronto (9) .... *(hablar, yo)* mucho con mis amigos y me (10) .... *(explicar, ellos)* que Marga, la profesora de Inglés, (11) .... *(cambiar, ella)* el día del examen y que el director de la escuela (12) .... *(decir, él)* que quiere hacer una reunión con todos los alumnos porque (13) .... *(ganar, nosotros)* un premio por los trabajos de fin de curso que (14) .... *(presentar, nosotros)* (15) .... *(Salir, yo)* de la escuela a las seis y (16) .... *(tomar, yo)* el autobús para ir a casa. En el autobús me (17) .... *(encontrar, yo)* a unos amigos y (18) .... *(intercambiar, nosotros)* apuntes. (19) .... *(Entrar, yo)* en mi habitación a las seis y media y (20) .... *(encender, yo)* la computadora para hablar con mis amigos en el Messenger. (21) .... *(Encontrarse, yo)* a Celia que me (22) .... *(explicar, ella)* que (23) .... *(estar, ella)* estudiando para el examen de Lengua toda la semana. (24) .... *(Quedar, nosotros)* para estudiar juntas. A las nueve (25) .... *(volver, él)* mi padre a casa y (26) .... *(charlar, nosotros)* (27) .... *(Ayudar, yo)* a mi madre a lavar los platos y (28) .... *(romper, yo)* un vaso. (29) .... *(Ir, yo)* a mi habitación y (30) .... *(terminado, yo)* las tareas para mañana. ¡Qué día más largo tuve!

2.16. **Decide if the following statements are true (T) or false (F) according to Rosa's diary.**

		T	F
a.	Después de las clases estuve en la biblioteca.	■	■
b.	Mi madre no sabe cocinar y no hizo una quesadilla.	■	■
c.	Yo no gané ningún premio.	■	■
d.	Hoy tuve Educación Física.	■	■
e.	Salí de la escuela a las seis de la tarde.	■	■
f.	Tomé el autobús para ir a casa.	■	■
g.	El director no fue a la escuela.	■	■
h.	Hablé con mis amigos.	■	■
i.	Celia no estudió porque está de vacaciones.	■	■
j.	Mi padre durmió fuera de casa.	■	■
k.	Mi madre y yo lavamos los platos.	■	■
l.	Rompí un vaso.	■	■
m.	Terminé las tareas para mañana.	■	■

Long form possessives

2.17. Complete the sentences with the appropriate possessive adjectives and pronouns, according to the subject in parenthesis.

a. ❯ ¿Viste .... (yo) gafas?

    Ɔ Sí, las puse junto a las .... (yo) hace cinco minutos.

b. Un tío .... (yo) vino a visitar .... (nosotros) nueva casa.

c. El profesor no dijo .... (tú) nombre, dijo el .... (yo).

d. .... (Nosotros) perro es muy educado. El .... (ellos) es muy molesto.

e. ¿Es .... (tú) este bolígrafo? María dice que no es .... (ella).

f. Esos libros son .... (ella), los .... (tú) están en mi mesa.

g. Esa moto tan bonita es de un amigo .... (yo).

h. Ángel está muy enfadado, un vecino .... (él) se ha quejado de .... (él) música.

i. Hoy voy a recoger mi entrada para el concierto. ¿Tienes la .... (tú)?

2.18. Choose the correct option.

a. Las flores **nuestras/nuestra**.

b. Los perros **suyas/suyos**.

c. La silla **suya/su**.

d. Las pinturas **suya/suyas**.

e. Los gorros **mío/míos**.

f. Los libros **tuyos/tuya**.

g. El póster **nuestro/nuestra**.

2.19. Complete with the correct long form possessives.

a. Mi salón es grande y el .... (ella) también.

b. Este balón es .... (él).

c. Esta botella es .... (nosotros).

d. ¿Esta computadora es .... (ustedes)?

e. ¿Vamos en el coche .... (tú)?

f. Mi chaqueta es verde y la .... (tú) gris.

2.20. Change the sentences by using the long form possessives as in the example.

a. Aquellos son sus patines. *Aquellos son suyos.*

b. Esa es su mochila. ....

c. Estas son sus zapatillas. ....

d. Aquel es mi colegio. ....

e. Esa es mi radio. ....

f. Estas son sus llaves. ....

g. Esta es tu goma. ....

h. Aquel es su coche. ....

2.21. **Complete the sentences with the correct forms of *mío* and *tuyo*.**

a. Este no es mi libro, es el ....

b. No tengo borrador. Me dejas usar el ....

c. No encuentro otra camiseta. La .... está sucia en el cesto de la ropa.

d. Estas son amigas ....

e. ¿Estos mensajes son ....?

f. Estas sillas son iguales a las ....

g. No es mi celular, es ....

h. ¿Ese es el perro ....?

DESTREZAS

Hablar

2.22. **Use the activities depicted in the images to talk about what you did last weekend. Tell your partner where you went, what you did, who the people are, and whether you enjoyed the weekend or not.**

Escribir

2.23. **Write a conversation following these instructions.**

- Suena el teléfono: contesta. ....
- Saluda a tu amigo y pregúntale cómo está. ....
- Pregúntale a tu amigo dónde fue el fin de semana. ....
- Di que tú ya fuiste a ese sitio y cuándo. ....

- Dile a tu amigo cómo te lo pasaste y si te gustó. ....

- ⅀ Saluda y di quién eres.
- ⅀ Responde.
- ⅀ Responde dónde fuiste.
- ⅀ Pregúntale a tu amigo qué tal se lo pasó y si le gustó.
- ⅀ Reacciona y despídete.

Escuchar

2.24. 🎧 2 **Listen and decide whether the following statements are true (T) or false (F).**

a. Javier esta noche tuvo una pesadilla.

b. Soñó con tiburones y le encantan los tiburones.

c. No desayunó porque no tuvo tiempo.

d. Perdió el autobús cuando salió de casa.

e. Llegó tarde a clase porque perdió el autobús.

f. Tuvo un examen de Matemáticas.

g. Su madre le castigó por reprobar el examen.

h. Javier pudo jugar al fútbol con mis amigos.

Leer

2.25. **Read the paragraph about a trip to Italy and then answer the questions that follow.**

El año pasado fui de vacaciones con mis padres a Italia. El viaje fue genial, Italia es un país increíble. Hicimos el viaje en avión, de Madrid a Roma, allí nos alojamos en un hotel precioso, pero también estuvimos en Florencia y Venecia. En Roma anduvimos muchísimo, porque es una ciudad con muchísimas cosas que ver, ¡qué dolor de pies al final del día y eso que nos pusimos zapatos cómodos!

En Venecia montamos en góndola y dimos un paseo por los canales, y en Florencia vimos al David de Miguel Ángel. El guía del museo nos dijo que esta escultura es el símbolo de la ciudad. Florencia es tan bonita... un día mi padre quiso ir a cenar a un restaurante que está en lo alto de una colina y, además de que comimos una pasta deliciosa, pudimos ver toda la ciudad de noche, ¡fue fantástico!

a. ¿Cómo se lo pasó en su viaje? ....

b. ¿Cómo fue a ese lugar? ....

c. ¿Cómo fue su viaje a Roma? ....

d. ¿Dónde montó en Venecia? ....

e. ¿Qué vio en Florencia? ....

f. ¿Qué comió en Florencia? ....

CULTURA. *LA EDUCACIÓN*

2.26. **a.** **The responses to the post on an educational forum got mixed in with other posts. Select the responses that appropriately address the question posed in Smith1991's post.**

●●●

Smith1991
¿Alguien conoce Guanajuato?
Soy estudiante de español. Soy de Estados Unidos y quiero ir a México para estudiar más y poder practicar con gente del país. Oí hablar muy bien de las escuelas de español de Guanajuato. ¿Alguien me puede ayudar?

Rosi18
Pues claro que son buenas. Estas escuelas forman a los futuros profesionales. La formación es muy específica, así que aprendes mucho. Es una educación muy práctica.

David_19
Yo estudié en esa ciudad. Me gustó mucho porque la ciudad es muy interesante. Hay estudiantes de todas las nacionalidades, sobre todo estadounidenses y brasileños. Como es una ciudad universitaria hay mucha gente joven y es muy fácil hacer amigos. El primer año estudié en la universidad y después en una escuela pequeñita del centro, no recuerdo su nombre. Pero hay muchas escuelas y creo que todas son muy buenas, porque conocí gente de otras escuelas y nunca escuché ninguna queja. ☺

Bea18

Este es un problema en muchos países. La educación tiene que ser un derecho universal.

SAllyUSA

¿Alguien de Argentina? Me llamo Sally, tengo 15 años. Soy de Estados Unidos pero mi madre es argentina y el próximo año nos vamos a mudar a Argentina. Voy a empezar a estudiar en una escuela técnica. Quiero ser química. ¿Alguien sabe si son buenas estas escuelas?

Ándale

Yo también estudié allí. Es una ciudad con mucha historia en este tipo de enseñanza así que hay muchas escuelas por toda la ciudad y todas son muy buenas. Los profesores son todos excelentes. Les recomiendo a todos cien por cien estudiar allí.

Faster

Para aprender más rápido es importante hacer amigos nativos. Y en esa ciudad la gente es muy simpática. Sin duda, es una buena opción.

Fede17

Estas escuelas tienen muy buena reputación en todo el país. Yo estoy en el último año de Física y después voy a hacer unas prácticas en una empresa.

Bogotá18

Únanse a la protesta: ¡No a los recortes! ¡No a la privatización de las Universidades! Colombia por la Educación.

Manifa

En mi país tenemos el mismo problema. ¡Hay que salir a la calle!

b. **Now respond to this topic posted by a Colombian student.**

Tere13

Soy de Colombia y tengo 13 años. El año que viene me mudo a Estados Unidos. ¿Cómo son las escuelas allí? ¿Qué asignaturas se estudian? ¿Es fácil entrar en la universidad?

Yo

....

....

....

....

....

....

....

....

....

VOCABULARIO

3.1. **Complete the conversations with expressions from the list.**

diga · dime · dígame · suena ocupado · cuelga · mensajes de texto · fuera de cobertura ·
de parte de quién · le digo algo · cuenta · llamadas perdidas · el número equivocado

Diálogo 1
¡Riiinngggg! (suena el teléfono en una tienda)

▶ Movilandia, teléfonos y accesorios, (a)................
....

▷ Hola, tengo un problema con mi nuevo celular. Últimamente no he recibido ninguna llamada y es muy raro porque todas las noches encuentro muchas (b)............................
.... de todas las personas que han intentado llamarme.

▶ Entiendo, seguramente usted vive en una zona en la que el teléfono está (c)............................
....

▷ ¡Qué extraño! No creo, porque no tengo problemas para recibir ni para enviar (d)............
....

Diálogo 2
¡Riiinngggg! (suena el teléfono en una casa)

▶ ¿(e)..?

▷ Hola. ¿Está Cristina?

▶ ¿(f)..?

▷ Soy Sara.

▶ Hola, Sara. Pues mira, Cristina acaba de salir, llámala al celular.

▷ Ya la he llamado y el móvil (g)............................
.... todo el tiempo.

▶ Umm, qué niña más habladora. Vuelve a las dos a comer, (h) ¿..................................?

▷ No, gracias. Luego llamo otra vez. Hasta luego.

▶ Hasta luego, Cristina.

Diálogo 3
¡Riiinnggg! (suena el celular de Luis y ve quién le está llamando)

▶ (i)..............................., Carlos.

▷ Hola, Luis. ¿Dónde estás?

▶ En la tienda de mi tío.

▷ Es que tengo que contarte una cosa muy importante y solo tengo (j)..............................
para tres minutos.

▶ Pues (k)..., hombre, te llamo yo desde el teléfono de la tienda.

¡Riiinnggg!

▷ ¿Dígame?

▶ ¿Eres Carlos?

▷ Creo que tienes (l)...

▶ Perdón.

3.2. **Match the stores with the correct images. Then, complete the paragraph with the words from the list.**

1.

2.

3.

4.    **5.**

a. supermercado .... ☐
b. centro comercial .... ☐
c. mercado .... ☐
d. tienda de alimentación .... ☐
e. tienda especializada .... ☐

> ir de compras · tiendas especializadas · dependientes · centros comerciales · servicios ·
> hacer la compra · tiendas de alimentación · establecimiento (x2) · horarios

En España hay diferentes maneras de (1).. Los más tradicionales prefieren comprar en tiendas que, generalmente, están en el centro de la ciudad. Normalmente van a (2).................................... de diferentes artículos como ropa, zapatos, deportes, música, electrodomésticos, etc. En este tipo de (3)............................ los (4).............................. ofrecen un servicio más personalizado pero muchas personas piensan que son más caros. En la actualidad, las personas más jóvenes prefieren hacer sus compras en grandes superficies o (5)................................. Estos comercios normalmente están ubicados en las afueras de las ciudades y ofrecen otros (6)............................... como cines y restaurantes. Además, en muchos centros comerciales también hay supermercados grandes donde la gente puede (7)................................. Otras personas compran su comida y sus productos diarios en pequeñas (8)................................. que normalmente son más caras que los supermercados pero están más cerca de sus casas. Actualmente, en las grandes ciudades, estos pequeños (9).. son de extranjeros y ofrecen (10)........................... muy amplios porque la mayoría suelen abrir muy temprano y cierran muy tarde.

3.3. **Complete the following conversations with the expressions from the box.**

> rebajas · cuánto es · cuánto cuestan · tan caro · cuánto cuesta (x2) · tarjeta

Diálogo 1
➤ Hola, ¿te puedo ayudar?
↪ Sí. ¿(a)............................
   estos zapatos?
➤ 95 dólares.
↪ Gracias.

Diálogo 2
➤ (b) ¿............................?
↪ Son 140 dólares.
➤ ¿Va a pagar con (c)................
   .... o en efectivo?
↪ En efectivo, por favor.

Diálogo 3
➤ ¿Has visto qué coche
   (d)............................?
↪ Sí, es el más caro que he
   visto.
➤ ¿Sabes (e)............................?
↪ No, pero he oído que es
   carísimo.

Diálogo 4
➤ ¿(f)............................
   esta camisa?
↪ 90 dólares.
➤ ¡Qué camisa más barata!
↪ ¡Claro! Estamos en
   (g)............................

3.4. **Select the correct word from the list to complete the sentences.**

1. El lugar en el que pagamos en el supermercado se llama… .... •
2. Normalmente antes de comprar, miramos los productos de las tiendas en la calle en su… .... •
3. Cuando necesito ayuda en una tienda le hablo al… .... •
4. A los dependientes habitualmente los podemos encontrar en el… .... •
5. Si necesitamos comprobar que la ropa que vamos a comprar nos queda bien, vamos a los… .... •
6. Si tenemos un problema en una tienda o centro comercial, preguntamos por el o la… .... •
7. Para llevar a casa los productos que he comprado necesito una… .... •
8. La temporada en la que los productos están más baratos se llama… .... •

• **a.** bolsa

• **b.** encargado/a

• **c.** probadores

• **d.** rebajas

• **e.** dependiente

• **f.** escaparate

• **g.** caja

• **h.** mostrador

3.5. **Read the following words with your teacher, then separate the syllables and identify which words are stressed on the third-to-last syllable. Remember that this kind of word may have an accent.**

a. árboles ....
b. profesor ....
c. carpeta ....
d. música ....
e. sábado ....
f. domingo ....
g. último ....

h. amigo ....
i. fábrica ....
j. vecina ....
k. película ....
l. teléfono ....
m. equipo ....
n. mañana ....

ñ. manzana ....
o. helicóptero ....
p. máquina ....
q. exámenes ....
r. resumen ....
s. fantástico ....
t. miércoles ....

GRAMÁTICA

The verbs *ser* and *estar*

3.6. **Complete the following sentences with the correct form of the verb *ser*.**

Juan *es* un buen amigo.

a. Beyoncé .... muy guapa.
b. La clase de Educación Física .... divertidísima.
c. .... las tres y cuarto.
d. Esta camiseta .... enorme, ¡no me sirve!
e. Mi piel .... morena.
f. Mi padre .... serio ¡y yo también .... serio!
g. Fran .... abogado pero no encuentra trabajo.

h. Ustedes .... muy altas, ¿juegan al baloncesto?
i. Alí y Monem .... de Marruecos.
j. Una planta .... un ser vivo vegetal y .... de color verde.
k. Paulo .... de Brasil.
l. Los mejores coches .... los de Ferrari.
m. La silla .... de acero.
n. Estos .... mis cinco hermanos.

3.7. **Complete the following sentences with the correct form of the verb *estar*.**

Salerno no <u>está</u> cerca de aquí.

a. ¡Yo .... en Valencia y Javier .... en Granada!

b. La mantequilla .... detrás de la mermelada.

c. El videoclub .... abierto hasta las doce de la noche.

d. .... muy cansado hoy, no he dormido bien esta noche.

e. Hay una epidemia de gripe, por eso todos mis compañeros .... enfermos.

f. ¡Elena .... triste! ¿Alguien sabe qué le pasa?

g. Paula .... en Nueva York, vuelve a San Francisco en dos semanas.

h. El celular .... encima de la mesa.

i. .... en enero, ¡qué frío!

j. Este cómic .... muy bien, me encanta.

k. Mi padre .... trabajando.

l. Sergio y Felipe .... de camareros.

3.8. **Complete the sentences with the correct forms of *ser* or *estar*.**

Como he ido al gimnasio <u>estoy</u> muy cansada.

a. ¿Sabes de dónde .... Pau Gasol, el jugador de los Lakers?

b. Esta noche toca Nacho Vegas. El concierto .... en la sala Apolo.

c. Paula y Fermín .... de Cantabria, una comunidad autónoma que .... en el norte de España.

d. Este .... mi hermano, se llama Jaime, ¿verdad que .... muy guapo? Pues con el pelo largo .... más guapo todavía.

e. Andrea Bagnani .... jugando en Toronto pero .... italiano.

f. El Vesubio y el Teide .... inactivos desde hace mucho tiempo.

g. .... (*nosotros*) jóvenes pero no .... tontos.

h. No he recibido tu e-mail porque no .... conectada.

i. Si .... (*ustedes*) en las Ramblas, podéis pasear hasta el mar.

j. .... a 27 de noviembre.

k. La biblioteca .... cerrada, ¡..................... las nueve de la noche!

l. El partido de fútbol .... a las siete y media de la tarde, ¿vamos juntos?

m. Mi hermana .... de camarera porque todavía no ha terminado sus estudios.

n. Pablo .... simpático y hablador pero .... preocupado por sus notas, por eso .... callado.

Present progressive tense

3.9. **Write the following present participles in the appropriate column.**

oyendo · saltando · navegando · cantando · llamando · bebiendo · saliendo · escribiendo · comiendo · leyendo · durmiendo · haciendo	–AR	–ER	–IR

3.10. Complete the following phone conversation between Pedro and Marta with the appropriate form of the verb *estar*.

Pedro: Hola, Marta, ¿qué tal?

Marta: Aquí, (a)............................ haciendo el trabajo de Ciencias, y no me sale.

Pedro: ¡Qué dices! Si es superfácil. A ver, ¿qué (b)............................ haciendo exactamente?

Marta: Nada, Pedro, no importa, (c)............................ poniendo en la tele mi serie favorita y no me concentro.

Pedro: ¡(d)............................ haciendo las tareas con la tele! ¡Estás loca! Seguro que te está saliendo todo fatal. ¡Estás haciendo dos cosas a la vez!

Marta: Vale, Pedro, pero es que (e)............................ preparando el trabajo que tenemos que hacer en grupo. No he empezado todavía en serio. Carmen y Jimena (f)............................ estudiando porque mañana tienen un examen y yo me he encargado de la organización.

Pedro: ¡Qué rollo! Bueno, pues te dejo y hablamos mañana que yo también tengo trabajo. Mi hermano y yo (g)............................ ordenando la habitación porque mi madre está muy enfadada. Adiós, Marta, hasta mañana.

Marta: Ok, adiós, Pedro.

3.11. Complete the following sentences with the verb *estar* + present participle of the verbs in parenthesis.

a. Marta .... *(preparar)* el trabajo de Ciencias.

b. Mi madre .... *(hacer)* chocolate para merendar.

c. Carmen y Andrés .... *(organizar)* una fiesta sorpresa, creo que va a ser superdivertida.

d. .... *(Ver, yo)* mi programa favorito.

e. Habla más alto porque creo que no te .... *(oír)* nada, es que está un poco sorda.

f. Alberto .... *(leer)* el periódico mientras yo veo una película.

g. ❯ ¿Qué hacen aquí?

Ɗ Nada, ... *(esperar)* el autobús.

Informal Commands

3.12. Complete the table with the *tú* command forms of the verbs.

	cantar	comer	escribir
Tú			

3.13. Write the correct *tú* command forms of these verbs. One of them is irregular, do you know which?

a. 2.ª persona de singular de beber ....

d. 2.ª persona de singular de hablar ....

b. 2.ª persona de singular de bailar ....

e. 2.ª persona de singular de poner ....

c. 2.ª persona de singular de abrir ....

f. 2.ª persona de singular de leer ....

| El verbo irregular es: | |

3.14. Complete the following sentences with the correct *tú* command forms of the verbs in parenthesis.

a. Si estás enfermo, ... (*beber, tú*) mucha agua y mucho jugo de naranja porque tiene vitamina C.

b. .... (*Comprar, tú*) pan antes de venir a casa.

c. .... (*Leer, tú*) primero las instrucciones porque es difícil de usar y puedes romperlo.

d. Mañana por la tarde .... (*hablar, tú*) con Iker, está un poco preocupado.

e. .... (*Abrir, tú*) el libro por la página 73.

3.15. Complete the table with correct *tú* command forms of the verb.

	oír	venir	ser	decir	poner	salir	tener	hacer	ir
Tú									

3.16. Complete the following sentences with the correct *tú* command forms of the verbs in parenthesis.

a. .... (*Girar, tú*) la primera a la derecha y allí está la librería que buscas.

b. Alberto, ... (*dar, tú*) las gracias a la señora, por favor.

c. ¿Puedo llamar por teléfono? Sí claro, ... (*llamar, tú*).

d. .... (*Venir, tú*) a casa esta tarde y jugamos con la Wii.

e. ¡Muchachos! Vamos a comer. Pedro, ... (*poner, tú*) la mesa que es tarde.

f. .... (*Cerrar, tú*) la puerta por favor, es que tengo mucho frío.

DESTREZAS

Hablar

3.17. With a partner, role-play these scenarios. One of you will play the customer and the other, the sales clerk.

Estudiante 1

1. Estás de compras y quieres comprar una chaqueta roja, pero de tu talla solo hay una verde. Al final, decides comprarla y pagas en efectivo.

2. Trabajas en una frutería. Preguntas qué quiere el cliente. Las manzanas rojas cuestan 1,5 euros el kilo, y las verdes 0,75 euros. No hay melocotones. Las fresas cuestan a 2 euros el kilo. Preguntas cómo va a pagar. Solo se admite efectivo.

Estudiante 2

1. Trabajas en una tienda de ropa. De la talla del cliente solo hay chaquetas verdes.

2. Quieres comprar un kilo de manzanas y dos kilos de melocotones, y entras en una frutería. Prefieres manzanas rojas, pero son muy caras. Te llevas las manzanas verdes y dos kilos de fresas. Vas a pagar con tarjeta.

Escribir

3.18. Javier is on his computer doing several things at the same time. Write about all the things you think Javier is doing using the verb *estar* + present participle.

*Chatear con amigos / Enviar un correo electrónico /
Subir una foto / Descargar una canción / Comprar un vuelo...*

....

....

....

....

Escuchar

3.19. 🎧 **3** Listen to the telephone conversation between Cristina and José, and answer the questions below.

a. ¿Dónde está Cristina? ....

b. ¿Para quién es el pastel que quiere comprar? ....

c. ¿Cuánto cuesta cada pastel? ....

d. ¿Dónde va a ir José a comprar el regalo? ....

e. ¿En qué regalo han pensado? ....

f. ¿Quién va a pagar el regalo de Javier? ....

Leer

3.20. Herman and Johann are going to chat in Spanish this evening to practice before their test tomorrow. Complete the chats with the correct forms of *ser* and *estar*.

●●●	Conversación
⟫ Herman ⟫ Johann	

⟫ ¿Qué tal? ¿Cómo .... (1)?

⟫ ¡Soy .... (2) bien, ¿y tú? ¿................. (3) estudiando?

⟫ No, ahora .... (4) cansado y .... (5) descansando. ¿Estudiaste?

⟫ ¡De momento no, pero no .... (6) preocupado, el español no .... (7) difícil para mí.

⟫ ¡Qué suerte! Yo .... (8) muy malo.

⟫ ¡No te preocupes que yo te ayudo.

⟫ Gracias, ... (9) un buen amigo.

⟫ ¡¡De nada! .... (10) bueno estudiar juntos.

⟫ Bueno, ¿qué hiciste hoy? No te vi en clase.

⟫ ¡No, no fui. .... (11) malo, tengo fiebre.

⟫ ¡¡Ah! Yo ahora .... (12) bien, he ido al dentista y ya no me duelen las muelas y para celebrarlo voy

a cenar bacalao con alioli.

⟫ ¡Puaj! No me gusta nada.

⟫ ¡................. (13) muy bueno! ¡De verdad!

⟫ Recuerda que no .... (14) bueno comer mucho por la noche...

⟫ Necesito recuperar energía, he corrido casi una hora buscando a mi perro. ¿Tus perros .... (15) buenos? El mío nunca hace lo que le digo y se escapa.

⟫ Xena .... (16) mala, también se escapa, pero Thor .... (17) bueno y .... (18) obediente, por eso trabaja con mi padre.

⟫ ¿Tu perro trabaja?

⟫ Sí, mi padre .... (19) policía y mi perro va con él.

⟫ Mi madre .... (20) ama de casa y Xena

Herman	Johann
.... (21) en casa con ella siempre, excepto cuando se va a pasear sin avisar. Oye, mi madre dice que puedes venir a cenar y estudiamos aquí en casa.	fatal y .... (24) estudiando en la cama.
⟫ Mejor otro día, ... (22) que .... (23)	⟫ Te llamo si tengo preguntas, ¿vale?
	⟫ Claro, aquí .... (25) si necesitas ayuda.
	⟫ ¡Hasta luego, Johann.

CULTURA *UNA REGIÓN CONECTADA*

3.21. **Read the following responses to a survey about technology. Then answer the questions that follow.**

LATINOS Y LAS NUEVAS TECNOLOGÍAS

LAURA
Hola muchach@s, estamos preparando un estudio sobre nuevas tecnologías y nos gustaría saber qué relación tienen con ellas. Esperamos sus respuestas. Gracias a todos por colaborar.

Respuestas

Hola, me llamo Gael, soy de México, y yo personalmente lo que uso es mi celular. Con él puedo hacer casi de todo, entrar en redes sociales, enviar correos electrónicos, hacer fotos y compartirlas con mis amigos, en fin, muchas cosas. Pero últimamente, lo que más hago es jugar con el celular. Hay muchos juegos que puedo descargar y puedo pasarme horas con ellos, especialmente con los que son *on-line*, esos me encantan.

Buenas tardes, yo soy Paulina, de Buenos Aires. Y mi relación con las nuevas tecnologías es muy grande. Para mí, tanto el celular como la computadora son imprescindibles, no podría vivir sin ellos. Cuando estoy en casa, o en el trabajo o de vacaciones siempre los estoy manejando. No puedo imaginarme la vida sin ellos. De hecho, tengo tres computadoras. Una de mesa y dos *laptop*. Lo que menos me gusta es que todavía pienso que las tarifas de las empresas de comunicaciones son un poco altas, a pesar de la competencia.

¿Cómo están? Yo me llamo Diego y ahora estoy viviendo en Santiago, la capital de Chile. Yo tengo poquita relación con Internet. Entiendo que es algo importante y que nos facilita la vida pero no quiero depender de ello. No tengo Internet ni en casa ni en el celular, cuando lo necesito, lo uso en el trabajo o voy a un cibercafé, aquí en Santiago hay muchos. Y comprar por Internet me parece un horror, prefiero ir a las tiendas, en mi opinión es mucho mejor.

a. ¿Con quién te identificas más? ¿Por qué?...............
....

b. ¿Para qué sueles utilizar tú el celular? ....
....

c. ¿Cuántas empresas de telefonía hay en tu país?
....

d. ¿Cuáles son en tu opinión las ventajas de tener Internet en el celular?...
....

e. Imagina cuáles serán los nuevos avances tecnológicos. ....
....

UNIDAD 4

VOCABULARIO

4.1. **Complete the following sentences with the appropriate expressions to show disagreement.**

> Nunca jamás • ¡Anda ya! • No... ni... ni • ¡Para nada! • ¡Que no!

a. ❯ Alberto, ¿vienes esta noche al cine a ver *El exorcista*?

▷ ...., qué miedo. No me gustan nada las películas de terror.

b. ❯ Lo siento, no como carne. Soy vegetariano.

▷ ¿No comes carne?

❯ .... como .... carne .... pescado. Soy vegetariano absoluto.

c. ❯ Mamá, necesito 10 dólares, por favor.

▷ Ayer te di dinero. ¿Ya te lo has gastado?

❯ Jo, mamá, por favor, es para comprar una cosa.

▷ ¡.................................! ¿Crees que soy un banco?

d. ❯ ¿Te importa si viene esta noche Paula a cenar?

▷ ...., Paula es supersimpática.

e. ❯ ¿Qué tal el restaurante?

▷ Horrible, caro, la comida fría y mala, los meseros antipáticos. No pienso volver allí ....

4.2. **Read the following conversations and decide if they express total agreement, partial agreement or disagreement.**

a. ❯ A mí me parece que Meryl Streep es una gran actriz.

▷ Si tú lo dices... ....

b. ❯ Antes la gente vivía mejor que ahora.

▷ ¡Qué va! ....

c. ❯ Me encantó la película.

▷ ¡Totalmente! ....

d. ❯ Prefiero la vida en el campo a la ciudad. ¡Qué estrés!

▷ No estoy de acuerdo contigo. ....

4.3. **Write a sentence which expresses your opinion about the following topics. Use the adjectives practiced in this unit.**

> La televisión por cable. ➡ *Creo que/me parece que la televisión por cable es muy entretenida.*

a. Estudiar idiomas. ➡ ....

b. Levantarse todos los días a las seis de la mañana. ➡ ....
....

c. Escribir cartas, no correos electrónicos. ➡ ....

d. Vivir en el campo. ➡ ....

e. Cortarse el pelo estilo mohicano. ➡ ....

f. Estudiar una lengua muerta, como el latín. ➡ ....

g. Hacerse la cirugía estética. ➡ ....

h. Comer productos ecológicos. ➡ ....

4.4. **a.** **What do you think these people are like? Select the best option for each.**

| trabajador/a · impuntual · cariñoso/a · divertido/a · ruidoso/a · hablador/a |

1. Ay, Enrique, cállate, que ya me duele la cabeza. Enrique es muy ....

2. Ana, siempre que me ve, me da un beso y un abrazo. Ana es bastante ....

3. Juan es imposible, siempre que quedamos llega 15 minutos tarde. Juan es ....

4. Isabel cuenta cosas muy entretenidas, siempre nos hace reír. Isabel es ....

5. Mateo no tiene nunca tiempo libre. Mateo es demasiado ....

6. Marta habla a menudo a gritos. Marta es ....

b. **Write the opposite of the following adjectives.**

1. hablador: ....   **3.** divertido: ....   **5.** trabajador: ....

2. ruidoso: ....   **4.** impuntual: ....   **6.** cariñoso: ....

4.5. **Match the descriptions to the correct adjectives.**

a. El alpinismo ....•   • **1.** entretenida

b. Una comedia ....•   • **2.** peligroso

c. Trabajar todos los días ....•   • **3.** relajante

d. Un baño de agua caliente ....•   • **4.** emocionante

e. Viajar alrededor del mundo ....•   • **5.** estresante

4.6. **Complete the chart with the appropriate pronouns for each form of the verb.**

A mí	parece/n	A nosotros/nosotras	parece/n
A ti	parece/n	A vosotros/vosotras	parece/n
A él/ella/usted	parece/n	A ellos/ellas/ustedes	parece/n

4.7. **Match the forms of the verb in A with the correct endings in B to complete the sentences.**

A

1. Me parece .... ■ ■ ■

2. Me parecen .... ■ ■ ■

B

a. superoriginales.   **d.** que Roberto está enfermo.

b. bien salir esta noche.   **e.** un poco caros.

c. unos maleducados.   **f.** fatal decir eso.

4.8. **Complete the following sentences with the verb *parecer*. Remember that this verb is constructed in the same way as the verb *gustar*.**

a. A Andrés .... que Aitor está enfadado porque ayer no le llamó por teléfono.

b. A mis padres no .... bien celebrar el cumpleaños de Ana en esa discoteca porque sirven alcohol.

c. A mí .... que es mejor hacer la fiesta el sábado, porque el viernes estamos todos muy cansados.

d. A ellos no .... bien salir tan temprano de viaje, prefieren dormir un poco y salir más tarde.

e. A Alberto y a mí .... muy mal su reacción, se ha enfadado muchísimo.

4.9. **Look at the answers to complete the questions asking for opinions.**

a. ❯ ¿..................................... de Alberto?

⟫ Me parece un muchacho muy simpático.

b. ❯ ¿..................................... el profesor de Química?

⟫ Creo que explica muy bien, ¿verdad?

c. ❯ ¿..................................... de la crisis económica?

⟫ No lo sé. Es una pregunta difícil de contestar.

d. ❯ ¿Has visto el último capítulo de "The Big Bang Theory"?

⟫ Sí, claro.

❯ Y ¿qué te ....?

⟫ Me ha encantado.

4.10. **Choose the most appropriate response for you based on your opinion about the following.**

a. ¿Qué te parece practicar deporte todo los días?

▨ **1.** Me parece necesario.

▨ **2.** Me parece aburrido.

▨ **3.** No sé qué decir.

b. ¿Qué opinas sobre Bogotá?

▨ **1.** Creo que es una ciudad muy interesante.

▨ **2.** Me parece una ciudad muy cara.

▨ **3.** No lo sé, no he estado nunca.

c. ¿Cuál es tu opinión sobre la cocina oriental?

▨ **1.** No lo sé, no la he probado.

▨ **2.** Creo que es muy variada.

▨ **3.** A mí me gusta más la cocina de mi país.

d. ¿Qué piensas sobre el cine de aventuras?

▨ **1.** No me gusta, prefiero el cine romántico.

▨ **2.** Me encanta, me parece muy entretenido.

▨ **3.** No tengo una opinión concreta.

4.11. **Put the following sentences into the correct order. Begin with the word that is capitalized.**

a. Creo/no/Arturo/que/esta/viene/noche. ....

b. de/Yo/acuerdo/Merche./estoy/totalmente/con ....

c. parece/una/idea./buena/Me ....

d. estoy/Pues/para/yo/nada/acuerdo./de/no ....

e. tienes/razón,/No/que/equivocado./estás/creo ....

4.12. Look at these pictures and write a question followed by a response expressing your opinion, as in the example.

➤ ¿Qué te parece el tenis?
➢ Creo que es un deporte divertido.

a

b

➤ ....
➢ ....

➤ ....
➢ ....

c

d

➤ ....
➢ ....

➤ ....
➢ ....

4.13. Express your opinion about the following statements.

Los perros son los animales más fieles.

Sí, claro, tienes razón.

Yo creo que los gatos...

No tienes razón porque...

No estoy para nada de acuerdo, dan mucho trabajo.

Yo no estoy totalmente de acuerdo con esa idea porque...

a. Todos debemos ser vegetarianos para proteger el medioambiente. ....
....
....

b. La mejor música para escuchar cuando vas en coche es la música clásica. ....
....
....

c. Lo mejor es viajar en tren: rápido, barato, cómodo, limpio. Me encanta el tren. ....
....
....

d. El Real Madrid es el mejor equipo de fútbol y el más famoso del mundo. ....

....

e. La montaña es el mejor sitio para ir de vacaciones. ....

....

GRAMÁTICA

The Imperfect

4.14. **a. Complete the following table with the appropriate form of the imperfect.**

	VIVIR	SER	IR	HACER	HABLAR
yo				hacía	
tú					
usted/él/ella		era			
nosotros/as	vivíamos				
vosotros/as					hablabais
ustedes/ellos/ellas			iban		

b. Which of these verbs are irregular? ....

4.15. **Complete the chart with the correct forms of the imperfect tense.**

Escribir (tú)		Estudiar (yo)		Empezar (tú)	
Caminar (ella)		Preparar (ustedes)		Tener (nosotros)	
Comer (él)		Ver (usted)		Saber (yo)	
Estar (ellos)		Trabajar (nosotros)		Querer (ellas)	
Jugar (nosotros)		Recoger (ellos)		Salir (ustedes)	

4.16. **Match both parts of the sentences. ¡Atención! More than one option is possible.**

1. Antes... ....•

2. Entonces... ....•

3. De pequeño... ....•

4. De joven... ....•

5. Cuando... ....•

• **a.** iba con mis padres al zoo.

• **b.** tenía 18 años, viajaba a Portugal frecuentemente.

• **c.** solía ir a conciertos con mis amigos.

• **d.** me gustaba montar en bici, ahora no.

• **e.** la vida era más tranquila.

4.17. **a. Complete the following paragraph with the correct form of the verbs in the imperfect tense.**

De pequeña Carmen, ... (levantarse) muy temprano, porque su escuela ....
(estar) muy lejos y .... (tener) que tomar el autobús. Todos los días lo ....
(esperar, ella) en la parada que .... (haber) frente a su casa. Carmen .... (ir)
al colegio con su hermana Ester. Las dos muchachas .... (llevar) muchos libros en sus
mochilas, así que el camino .... (ser) muy pesado, muy largo, especialmente los días que
.... (hacer) mucho frío o cuando .... (llover). Sin embargo, los días de
nieve .... (ser) divertidos porque las hermanas .... (jugar) con otros
amigos a hacer muñecos de nieve.

b. Answer the following questions.

    1. ¿Por qué se levantaba Carmen temprano? ....
    2. ¿Dónde tomaba el autobús? ....
    3. ¿Iba a la escuela sola? ....
    4. ¿Por qué el camino era pesado y largo? ....
    5. ¿Qué días eran los peores? ....
    6. ¿Por qué eran divertidos los días de nieve? ....

4.18. **Write endings for the following sentences.**

Cuando era pequeño/a...

Me gustaba ....
....

Mi serie de televisión favorita era ....
....

Los fines de semana ....
....

Mi madre ....
....

Mi deporte favorito ....
....

Por las tardes ....
....

En vacaciones ....
....

4.19. **Write about your first day of class this year. Describe your teacher, your classmates, your classes...**

....
....
....
....
....

DESTREZAS

Hablar

4.20. Look at the photographs of this woman. How do you think her life has changed? Invent a story in which you explain what her life was like, what she did, where she lived, what hobbies she had, and what her life is like now.

Antes

Ahora

Escuchar

4.21. 🎧 4 You will hear four people talking about their childhood. As you listen, match the photographs with each speaker.

a. ⬛   b. ⬛   c. ⬛   d. ⬛

4.22. 🎧 4 Listen again and choose the option that does not belong.

a. Alejandro…

⬛ **1.** jugaba con su hermana.

⬛ **2.** jugaba en la ventana.

⬛ **3.** se inventaba historias de fantasía.

b. Carmen…

⬛ **1.** odiaba sus patines.

⬛ **2.** tenía unos patines con las botas blancas.

⬛ **3.** le encantaba patinar.

c. Toni…

☐ **1.** cuando era pequeño quería ser director de cine.

☐ **2.** jugaba en la cama.

☐ **3.** tenía un juego con música.

d. David…

☐ **1.** cree que los videojuegos de antes eran más divertidos.

☐ **2.** se lo pasaba tan bien como ahora.

☐ **3.** solo tenía un videojuego.

Escribir

4.23. **Look at this old photograph and write a description by answering these questions.**

a. ¿Quiénes eran estas personas? ....

....

b. ¿Dónde estaban? ....

....

c. ¿Qué relación tenían? ....

....

d. ¿Cómo iban vestidos? ....

....

e. Describe la posición en la que estaba cada uno. ....

....

....

Leer

4.24. **Read the following text and answer the questions below.**

"Nuestra vida era muy normal, de gente de pueblo", explica José Antonio Iniesta, el padre del famoso jugador de fútbol español Andrés Iniesta. "Cuando nació Andrés, yo trabajaba en la construcción, y cuando no había trabajo me iba a la costa a trabajar de camarero. Mi mujer, la madre de Andrés, trabajaba en casa y en el bar de sus padres. Andrés era un niño muy prudente, como su madre. Todo el mundo lo quería. Era un poco tímido, muy respetuoso, estudioso y trabajador. Si le llamabas para algo, venía enseguida. Mi hijo solo se quejaba de una cosa. "¡Siempre comemos lo mismo!", decía al volver del colegio, un día tras otro, daba igual si había judías o macarrones. Solo no se quejaba si había pollo con patatas. ¡Todavía le encanta!

Adaptado de *Fuentealbilla, donde todo eran sueños,* El País, 2013

a. ¿De quién habla el texto? ....

b. ¿A qué se dedicaba el padre de Iniesta? ....

c. ¿Y la madre? ....

d. ¿Cómo era Iniesta? ....

e. ¿En qué trabajaban los abuelos maternos de Iniesta? ....

f. ¿Por qué se enfadaba Iniesta? ....

g. ¿Cuál era su comida favorita? ....

CULTURA. *ENCUENTRO DE CULTURAS*

4.25. **a.** **Read the following text and fill in the blanks with the words from the list.**

religiosos · siglo XVIII · muros · influencia española · patio · iglesia · cultivar · criar · murallas · mestizaje

(1) Las misiones españolas en el estado de Texas son del .... La mayoría están situadas a lo largo del río San Antonio. Se crearon porque se quería ampliar la .... hacia el norte de México.

(2) Eran construcciones que tenían objetivos ...., culturales y económicos, una gran área cuadrada que tenía .... gruesos de tierra, con un .... interior rodeado por corredores

Misión El Álamo.

Misión San Javier.

con arcos, ... en una esquina, convento, habitaciones para los nuevos religiosos, talleres de trabajo, huertos, sembrados, caballerizas y cementerio. Cerca estaban la prisión y el pueblo donde vivían las personas de la zona.

(3) Los misioneros enseñaban a los indios a .... la tierra, a .... ganado y a comercializar, pero había pueblos indígenas que preferían su independencia, los comanches y los apaches. Por eso, tenía .... para su protección.

(4) Su arquitectura era un .... de los estilos europeos renacentista, barroco y mudéjar con la mano de obra indígena y los materiales propios del lugar. Sencillas y con decoraciones de colores en las paredes.

Misión San José.

Misión Santa Bárbara.

b. **Answer these questions.**

1. ¿De qué época son las misiones en EE. UU.? ....f
2. ¿Por qué se crearon las misiones en este estado? ....
3. ¿Cómo era este tipo de construcción? ....
4. ¿Por qué tenían muros las misiones? ....

c. **Match the main idea to its corresponding paragraph.**

1. La estructura de las misiones .... ▪
2. Su estilo arquitectónico .... ▪
3. Su localización .... ▪
4. Las misiones y los indígenas .... ▪

VOCABULARIO

5.1. **Match the columns to create complete sentences about the Spanish writer Antonio Machado.**

1. **Nació** en Sevilla… .... •
2. **Llegó** a ser traductor… .... •
3. **Después de** varios años… .... •
4. En Soria **conoció a**… .... •
5. **Tres años más tarde** publicó… ..... •
6. **Dedicó su vida a**… .... •

• **a.** empezó a escribir.
• **b.** la obra *Campos de Castilla*.
• **c.** en 1875.
• **d.** de francés y después actor.
• **e.** la escritura, su trabajo y la literatura.
• **f.** Leonor y se casó con ella en 1909.

5.2. **Number the sentences to arrange the biography of Christopher Columbus in the correct order.**

☐ También en América pudieron conocer alimentos y animales provenientes de Europa como: la cebolla, el trigo, la uva, los caballos, ovejas, cerdos, etc.

1 Se cree que Cristóbal Colón nació en Génova, Italia, aunque no se puede asegurar. Se casó con Felipa y tuvo dos hijos, Diego y Fernando.

☐ Consiguió suficiente dinero para poder llevar a cabo su aventura y luego partió con las tres carabelas: La Pinta, La Niña y La Santa María.

☐ Cristóbal Colón fue marinero y cartógrafo. Primero trabajó al servicio de la Corona de Castilla donde reinaban los Reyes Católicos y los convenció de que podía llegar a las Indias por un camino diferente.

☐ Por último, Colón murió en Valladolid en el año 1506, aunque actualmente sus restos están en la Catedral de Sevilla.

☐ Después, Colón realizó cuatro viajes más a América de los cuales trajo a España productos como: el tomate, el maíz, la calabaza, las patatas o el cacao.

☐ En 1492, por casualidad, descubrió América. Allí encontró personas que no hablaban la misma lengua que él, ni vestían igual. No tenían las mismas costumbres.

GRAMÁTICA

The Preterit

5.3. Complete the blank spaces of the puzzle with the missing infinitives or *él/ella/usted* forms of the preterit tense. Follow the pattern started in the Modelo.

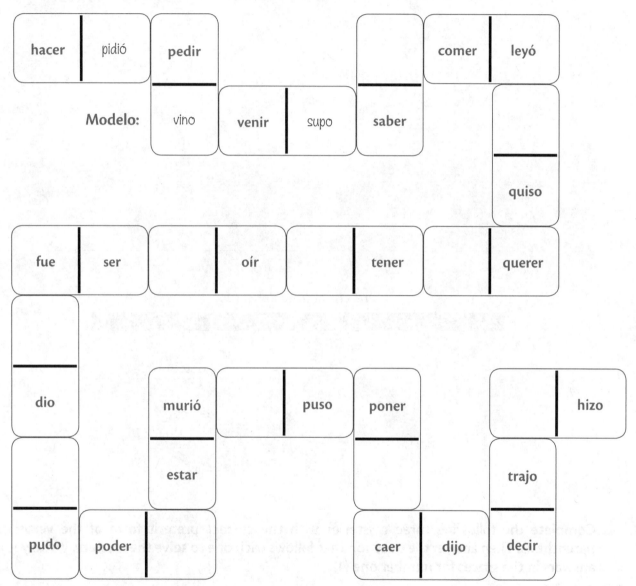

| hacer | pidió | pedir | | | | | comer | leyó |

Modelo: vino | venir | supo | saber

quiso

fue | ser | | oír | | tener | querer

dio | | murió | | puso | poner | | hizo

| estar | | | trajo |

pudo | poder | | | caer | dijo | decir

5.4. Complete the charts with the missing infinitives, irregular stems, and endings of irregular verbs in the preterit. Then complete the last chart with the correct forms of stem-changing verbs in the preterit.

U			I			J		
tener	tuv-	e	**hacer**	hic/z-	....		dij-	e
saber		iste	**querer**		iste	**traer**		....
	pud-	....	**venir**		....			o
estar		imos			imos			imos
poner	pus-	ieron			isteis			isteis
					....			....

Preterit of stem-changing verbs

e > i / o > u / i > y	él / ella / usted	ellos / ellas / ustedes
pedir	pidió	pidieron

Preterit of irregular verbs

ir/ser	dar
	diste
	dimos

5.5. Complete the following three mysteries with the correct preterit form of the verbs in parenthesis. Then answer the question that follows each one to solve the mystery. Write your answers in the spaces for number one (1).

a. Durante el siglo XVI se prohibió el consumo de (1)................... en Egipto y Arabia por considerarse un peligro para la sociedad.

Durante un mes (2)............tuvo............ (tener) mucho trabajo; el límite (3)............................. (ser) una noche que (4)........................... (acostarse) a las 4 de la madrugada y (5)........................... (levantarse) a las 6; (6)........................... (dormir) solo dos horas. Ese día (7)........................... (beber) más de diez tazas para poder estar despierto; cuando (8)........................... (pedir) la undécima y se la (9)........................... (tomar), de repente, (10)........................... (ponerse) muy nervioso, (11)........................... (empezar) a hablar muy rápido y a moverse de un lado para otro. Después (12)........................... (salir) corriendo diciendo cosas sin sentido, gritando y golpeando a la gente… ¿Qué bebida tomó?

b. Leonardo Da Vinci en todos sus viajes transportó (1).. en un doble forro de su maleta para evitar su robo.

Iván la (2)........................... (descubrir) por primera vez en París y cuando la (3)........................... (ver), (4)........................... (decir): "¡Misteriosa mujer!". (5)........................... (Ocurrir) por casualidad: ese día (6)........................... (despertarse) más pronto de lo habitual, y (7)........................... (dar) un paseo antes de ir a la reunión. (8)........................... (Comenzar) a llover y (9)........................... (decidir) entrar al museo: allí la (10)........................... (ver). Alguien le (11)........................... (hablar) alguna vez de su sonrisa, pero al verla (12)........................... (pensar) estar ante la mujer más bella del mundo. Se (13)........................... (informar) y (14)........................... (leer) que (15)........................... (ser) pintada en Italia entre 1503 y 1506, pero en el siglo XVI la (16)........................... (llevar, ellos) al Louvre. De allí la (17)........................... (robar, ellos) en 1911, pero (18)........................... (poder, ella) ser recuperada. En 2005 la (19)........................... (poner, ellos) en una vitrina antibalas en una sala especial. Es el cuadro más famoso que existe. Parece ser que su sonrisa se debe a la suma de varias emociones: el 83% a la felicidad, el 9% es sentimiento de disgusto, el 6% de miedo y el 2% de enojo.
¿Qué cuadro le impresionó tanto?

c. Matt Groening creó a (1).. en 15 minutos, en el hall de una oficina.

La historia de esta singular familia (2)........................... (empezar) el día en el que un joven torpe (3)........................... (pedir) matrimonio a una joven alta de pelo azul. Por alguna extraña razón, ella lo (4)........................... (aceptar). (5)........................... (Casarse, ellos) en Las Vegas y, poco después, el marido (6)........................... (entrar) a trabajar en la Central Nuclear de Springfield, como inspector de seguridad. (7)........................... (Tener, ellos) su primer hijo un 28 diciembre, un niño malo y travieso desde el momento en que (8)........................... (nacer). El matrimonio (9)........................... (celebrar) su segundo aniversario en las cataratas del Niágara y cuando (10)........................... (ir, ellos) a verlas, el hombre (11)........................... (caerse) en ellas; (12)........................... (estar) perdido varios días. (13)........................... (Tener, ellos) otra hija, muy lista y filosófica, que (14)........................... (aficionarse) al saxo. Cuando Snowball, el gato de la familia, (15)........................... (morir), todos (16)........................... (ponerse) muy tristes, y (17)........................... (estar) así hasta que (18)........................... (venir) al mundo la última hija; la (19)........................... (llamar, ellos) Maggie.
Esta es, a grandes rasgos, la historia de una familia que se (20)........................... (hacer) famosa en una serie en televisión.
¿De qué serie estamos hablando?

5.6. **Complete the following personal accounts with the expressions from the list and conjugate all verbs in the preterit. Pay attention to the person speaking (a man or a woman), the time references, the information shown in the pictures, etc.**

- (Empezar) la carrera de Periodismo.
- (Tener) mi primer hijo.
- (Casarse) muy joven y…
- (Hacerse) nadador profesional.
- (Tener) un examen bastante duro.
- (Querer) viajar por Europa durante un año.
- Cuando (tener) a mi segundo hijo, (decidir) estar sin trabajar.
- (Estar) casado con mi segunda mujer.
- (Trabajar) en un bufete de abogados.
- (Nacer).

.... hace 41 años. Tras cuatro años de matrimonio ....
....
....
.... durante un tiempo. .... desde 1980 hasta el año pasado.

.... el año pasado.
La semana pasada ....
....
Antes de empezar la universidad ....
....

....! y al cabo de dos años me divorcié.
....
.... hasta el año pasado, fecha en la que murió.
....
.... a principios de los 80.

5.7. Complete the following biographies with the appropriate forms of the verbs in the preterit. Can you guess which historical figures they are? If you do not know, you can look for them on the Internet.

a

.... (Ser) explorador y .... (nacer) en Venecia. Su padre y su tío se dedicaban al comercio y por eso él .... (realizar) muchos viajes. En uno de estos viajes .... (llegar) hasta China y .... (instalarse) allí bajo las órdenes de Kublai Khan. Mientras .... (estar) allí .... (trabajar) como gobernador de una ciudad y diplomático, y .... (aprender) muchas costumbres y conocimientos de la cultura china. Cuando .... (regresar) a Venecia y .... (contar) sus aventuras, la gente no le .... (creer) y .... (tener) que enseñarles sus riquezas.

¿Quién es este personaje misterioso?

b

.... (Nacer) en Sevilla en 1875. .... (Ser) el segundo de cinco hermanos de una familia liberal y de intelectuales. .... (Estudiar) en un instituto de Madrid y en aquella época .... (aficionarse) al teatro. .... (Interrumpir) varias veces sus estudios porque su familia .... (tener) problemas económicos cuando .... (morir) su padre. En 1899 .... (trasladarse) a París, donde .... (trabajar) como traductor y .... (asistir) a clases de Filosofía. .... (Regresar) a España y .... (trabajar) como actor. A partir de 1907 .... (publicar) sus primeras obras y .... (conocer) al amor de su vida, Leonor Izquierdo, a quien .... (dedicar) muchos poemas. A finales de la Guerra Civil .... (exiliarse) a Francia, donde .... (fallecer) al mes de cruzar la frontera.

¿Quién es este personaje misterioso?

c

.... (*Nacer*) en Polonia y .... (*casarse*) con Pierre, que era francés.

.... (*Tener*) dos hijas: Ève e Irène. Los dos .... (*ser*) químicos, ...

(*trabajar*) juntos y .... (*colaborar*) en sus investigaciones.

Sus estudios .... (*centrarse*) sobre todo en la radiactividad y en 1903 ....

(*recibir*) el Premio Nobel de Física en reconocimiento a sus descubrimientos. A partir de entonces

Marie .... (*concentrarse*) en la obtención de algunos elementos radiactivos, mientras

que su marido .... (*estudiar*) las propiedades químicas, fisiológicas y luminosas de las

emisiones radiactivas. Irène .... (*ayudar*) a su madre en sus investigaciones.

¿Quién es este personaje misterioso?

d

.... (*Nacer*) en Francia y eran hermanos. Su padre .... (*trabajar*) como

pintor y, después, ... (*dedicarse*) a la fotografía. Los dos .... (*ayudar*) a

su padre en el negocio. Allí .... (*desarrollar*) un nuevo método para la preparación de

placas fotográficas. Más tarde .... (*inventar*) el cinematógrafo: la primera máquina que

.... (*lograr*) proyectar imágenes. .... (*Ser*) todo un éxito.

¿Quiénes son estos personajes misteriosos?

5.8. **Complete the paragraph about recent Spanish history with the correct form of the verbs in the preterit.**

UN POCO DE HISTORIA ESPAÑOLA

La guerra civil española (1).............................. (*empezar*) en 1936 y (2).............................. (*terminar*) en 1939.
Franco, militar, (3).............................. (*proclamarse*) Jefe de Estado. La dictadura franquista
(4).............................. (*durar*) casi cuarenta años, hasta la muerte de Franco el 20 de noviembre de 1975.
Ese mismo año, Juan Carlos de Borbón (5).............................. (*ser*) nombrado Jefe del Estado.
Así se (6).............................. (*llegar*) al período conocido como la Transición. En diciembre de 1976
(7).............................. (*haber*) un referéndum para aprobar la reforma política.
En abril de 1977 (8).............................. (*legalizarse*) el PCE (Partido Comunista de España) y en junio el
pueblo español (9).............................. (*votar*) por primera vez en unas elecciones. (10)..............................
(*Ganar*) un partido político del centro que llamaba UCD. La Constitución (11)..............................
(*aprobarse*) por referéndum en diciembre de 1978.
En las elecciones de marzo de 1979, el PSOE (Partido Socialista Obrero Español) (12)..............................
(*convertirse*) en la segunda fuerza política del país. Pero ese año Adolfo Suárez (13).............................. (*ser*)
reelegido Presidente del gobierno. No (14).............................. (*durar*) mucho tiempo, ya que en enero de
1981 (15).............................. (*dimitir*) a causa de una crisis del gobierno. Los militares (16)..............................
(*intentar*) dar un golpe de estado, conocido como el 23–F. (17).............................. (*Solucionarse*) sin
problemas.
En octubre de 1982 (18).............................. (*convocarse*) nuevas elecciones y Felipe González
(19).............................. (*ser*) elegido presidente. En mayo de 1986, después de un referéndum, España
(20).............................. (*integrarse*) en la OTAN, y en enero, en la UE.
No (21).............................. (*haber*) elecciones hasta junio de 1986. Los socialistas (22).............................. (*ganar*)
de nuevo, y también en las siguientes elecciones; hasta que en marzo de 1996 el PP (Partido Popular), un
partido de centro-derecha, (23).............................. (*conseguir*) la mayoría de los votos en las elecciones, por
poca diferencia con el PSOE. Desde entonces, el presidente del gobierno (24).............................. (*ser*) José
María Aznar, ya que (25).............................. (*volver*) a ganar las elecciones siguientes esta vez con mayoría.
En marzo de 2004 y en 2008, (26).............................. (*celebrarse*) dos elecciones ganadas por el PSOE, y en
2011 (27).............................. (*regresar*) al poder el Partido Popular.

DESTREZAS

Leer

5.9. Complete the following story with the missing sentences that follow. Select the correct letter of the place in the text where each sentence should go.¡Atención! There is one extra sentence which will not be used.

EL ORIGEN DEL HORÓSCOPO CHINO

Hace mucho tiempo, el emperador de Jade, que era un amante de los animales, decidió otorgar a cada año del calendario lunar el nombre de un animal. El primer emperador de Jade reunió a todos los animales y les dijo: "La semana que viene estáis todos invitados a participar en una carrera. Solo los doce que lleguen antes tendrán un nombre en el horóscopo chino". Los animales se pusieron todos muy contentos. Por aquel entonces el gato y la rata eran muy, muy buenos amigos. **(a)**, pero la rata ¡quería ser la primera! Llegó el día de la competición. Y todos los animales atravesaron montañas, llanuras y valles. El buey, el gato y la rata eran los tres primeros. **(b)**. La rata, muy lista, le dijo al buey: "Tú que eres fuerte y sabes nadar, podrías ayudarnos al gato y a mí a cruzar el río sobre tu espalda. Luego empezamos de nuevo la competición". **(c)**. A mitad del río **(d)**. El gato empezó a maullar "miau, miau". El buey le preguntó a la rata: "¿Qué es ese ruido?", a lo que rata contestó: "Es el viento, no te preocupes. Sigue nadando". En el momento que el buey puso su pata en la orilla, la rata saltó por encima y salió corriendo. Claro está que **(e)**, seguida de un cansado buey.

El tercer puesto se lo ganó el valeroso tigre, seguido de un saltarín conejo. **(f)**. La serpiente, el caballo y la cabra fueron sexto, séptimo y octavo, respectivamente. Y el mono, el gallo, el perro y **(g)** fueron los últimos en llegar.

Cuando la fiesta de celebración empezó y los ganadores ya comían junto al Emperador de Jade, **(h)**, y se enteró de que ya no podía tener premio. Desde entonces le juró a la rata que serían enemigos.

1. la primera en llegar a la meta fue ella
2. finalmente el dragón empujó al gato
3. la rata empujó al gato y lo tiró al agua
4. El quinto fue el dragón, que llegó volando
5. Los dos decidieron participar en la carrera

6. El buey, de gran corazón, aceptó la propuesta
7. el cerdo (ansioso por celebrar su llegada con una buena comida)
8. En el último tramo de la carrera tuvieron que cruzar un río de abundante agua
9. llegó el gato muy enfadado

Hablar

5.10. Talk to a classmate about a historic event that, in your opinion, changed history.

Escuchar

5.11. 🎧 5 **a. Listen to the recording and answer the questions below.**

a. ¿Qué países visitó el abuelo? ....

b. ¿Qué construyó en Perú? ....

c. ¿Dónde durmió en sus viajes? ....

d. ¿A quién pidió dinero para ir a Latinoamérica? ....

e. ¿Qué libros leyó? ....

f. ¿Qué tipo de tribu encontró en Colombia? ....

g. ¿Qué aprendió con esta tribu? ....

🎧 5 **b. Listen to the conversation again and choose the correct option.**

a. ▨ **1.** Este año el abuelo ha ido solo a la playa.

▨ **2.** Este año el abuelo ha ido con su familia a la playa.

b. ▨ **1.** Ya no puede tener aventuras exóticas.

▨ **2.** Ya ha tenido aventuras exóticas.

c. ▨ **1.** Algunas veces he pensado que sus historias son fantasía.

▨ **2.** Algunas veces le he dicho que sus historias son fantasía.

d. ▨ **1.** Veo a mi abuelo feliz y apasionado cuando va de vacaciones.

▨ **2.** Veo a mi abuelo feliz y apasionado cuando cuenta sus historias.

Escribir

5.12. **Create a fictitious historical character and write a brief biography of him or her.**

....

....

....

....

....

....

....

....

....

CULTURA. *ENCUENTRO DE CULTURAS*

5.13. **a.** **Decide if the following statements about the history of Spain and Latin America are true or false.**

	T	F
1. En la cultura española solo hay influencias de los romanos.	▨	▨
2. La cultura de los países latinoamericanos es el resultado de una mezcla de muchas culturas diferentes.	▨	▨
3. En los países latinoamericanos solo hay elementos de sus culturas autóctonas americanas y de la cultura española.	▨	▨

b. Now read the following text and check your previous answers.

Hablar de la "Cultura hispana" es algo demasiado general si consideramos que estamos hablando de más de veinte países en los que se habla español, característica que une a todos estos países situados en América con el país donde nació esta lengua: España.

Pero la historia ha influido de forma diferente en la cultura y en la sociedad de los países hispanos y todavía hoy en día podemos encontrar restos culturales de diferente origen étnico y geográfico.

España en el siglo XV, cuando llega al continente americano, es un territorio compuesto por dos culturas: la cristiana de origen romano, que nos aportó la lengua, la religión y el derecho, y la musulmana, que dominó parte de la península de 711 a 1492. Los musulmanes también aportaron importantes avances científicos, tecnológicos y arquitectónicos como el sistema numérico, técnicas agrícolas y la construcción de maravillosos edificios civiles y religiosos. **(1)**

Pero en la historia de América también encontramos influencias de otro gran continente. Las necesidades económicas de la época crearon un injusto y cruel sistema de esclavitud y al continente americano llegaron millones de esclavos procedentes de África. Estos nuevos pobladores introdujeron sus religiones, ritmos musicales, estilos artísticos, etc. De esta manera se produjo una mezcla de razas y culturas muy compleja: por una parte, las culturas indígenas americanas junto a la cultura cristiana europea y, por otra, la fusión de culturas africanas introducidas por los esclavos africanos. **(2)**

La Plaza de las Tres Culturas es un ejemplo de las diferentes etapas históricas y culturales de todo el continente. Encontramos pirámides y restos aztecas de la época precolombina, la iglesia de Santiago de la época colonial española y la Torre de Tlatelolco que representa la arquitectura moderna y vanguardista del México contemporáneo. **(3)**

La fusión con elementos africanos está presente en muchos países de Centroamérica y del Caribe. En estas zonas muchos esclavos africanos que llevaron los españoles se mezclaron con las culturas indígenas dando lugar a un nuevo grupo étnico llamado los garífunas. En la actualidad residen en países latinoamericanos como Puerto Rico, Guatemala, Honduras y Nicaragua, pero también hay importantes comunidades garífunas en ciudades de EE. UU., principalmente en Nueva York.

c. Match the pictures with the numbered lines of the text.

1	2	3

UNIDAD 6

VOCABULARIO

6.1. **a.** **Match these Hispanic characters with the things they have done.**

1. Ferrán Adriá .... •	• **a.** Ha ganado el campeonato del mundo de F1.
2. Penélope Cruz .... •	• **b.** Ha cantado con Alejandro Sanz.
3. Fernando Alonso ...... •	• **c.** Ha ganado el Premio Nobel de Literatura.
4. Octavio Paz .... •	• **d.** Ha revolucionado el mundo de la cocina.
5. Shakira .... •	• **e.** Ha sido presidenta de Argentina.
6. Isabel Martínez de Perón .... •	• **f.** Ha actuado en varias películas de Pedro Almodóvar.

b. **Think of a famous person and write about what he or she has done.**

....

....

....

....

....

....

6.2. **Complete the sentences using the superlative form of the adjectives from the list.**

caro · bueno · alto (2) · mejor · bajo · rápido (2) · cómodo

a. ❯ Yo prefiero viajar en avión porque es el transporte ....

⊃ Sí, el avión es ...., pero a mí me da miedo.

b. ❯ He escuchado el nuevo disco de Julieta Venegas y es ....

⊃ Yo creo que este disco es .... de su carrera.

c. ❯ ¡Tu hermano es ....!

⊃ Sí, él es el .... de mi familia y yo soy la ....

d. ❯ Estos zapatos son ....

⊃ Sí, pero también son ....

6.3. **a.** **Use the emoticons to choose the correct options to answer the following questions.**

1. ¿Cómo ha estado la fiesta de Juan?

  ■ **a.** Ha sido genial.

  ■ **b.** Ha sido un rollo.

2. ¿Te ha gustado la última película de Pedro Almodóvar?

  ■ **a.** Está muy mal.

  ■ **b.** Es divertidísima.

3. ¿Cómo te ha ido en la escuela?

  ■ **a.** Ha sido un día horrible.

  ■ **b.** Ha sido un día muy divertido.

4. ¿Qué tal lo habéis pasado en la excursión?

  ■ **a.** Ni fu ni fa.

  ■ **b.** Lo hemos pasado fatal.

5. ¿Han ido al parque de atracciones? ¿Qué tal lo han pasado?

    a. Lo hemos pasado bien.

    b. ¡Lo hemos pasado de miedo!

6. ¿Cómo lo han pasado en el viaje a Perú?

    a. Lo hemos pasado de miedo.

    b. Lo hemos pasado fatal.

b. Write sentences explaining where you went last weekend and what you did using the present perfect tense.

1. ....
....
2. ....
....
3. ....
....
4. ....
....
5. ....
....

6.4. Last weekend, Pedro cleaned his bedroom. Select the correct responses to the questions based on the before and after images of his room.

a. ¿Ha guardado la ropa en el armario? ....

b. ¿Ha recogido las revistas? ....

c. ¿Ha hecho su cama? ....

d. ¿Ha dado de comer a los peces? ....

e. ¿Ha ordenado los libros? ....

f. ¿Ha abierto la ventana? ....

g. ¿Ha cerrado el armario? ....

h. ¿Ha barrido el suelo?

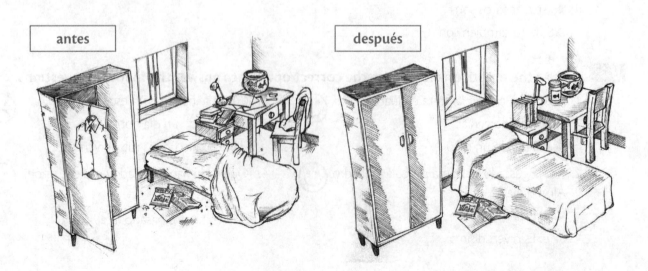

antes   después

GRAMÁTICA

The Present Perfect

6.5. Write the regular past participle of the following verbs.

- bailar: ....
- celebrar: ....
- andar: ....
- llamar: ....
- leer: ....
- corregir: ....
- conocer: ....
- estar: ....
- dormir: ....
- tener: ....
- ser: ....
- recoger: ....
- pasar: ....
- oír: ....
- vencer: ....
- conducir: ....
- ir: ....
- sentir: ....
- salir: ....
- querer: ....
- poder: ....
- hablar: ....
- vivir: ....
- oler: ....

6.6. Write the correct past participle of the following irregular verbs.

- decir: ....
- abrir: ....
- morir: ....
- romper: ....
- hacer: ....
- poner: ....
- volver: ....
- ver: ....
- escribir ....
- descubrir: ....
- resolver: ....
- prever ....

6.7. Find 15 regular and irregular past participles in the word search. Then write the infinitive form for each one.

```
H I C L O K E O L I D O G I D A R O T O
E F I E A V I P A D A C E L I N I S R U
C R E O W I D A D O V U K D Ñ M O Y A M
H E N D Y M O B V C Z C X B H Q S T Í U
O E S Y C D N A B I E R T O S P T Y D Y
O A E O A S O J D U Q A P A I R E D O R
C B O F G T M L Ñ W I P O R P E D I D O
E I Ñ N E C P K O Q R U W D M G I C E G
H Q N E S E H A Í M U E Ñ C A U H H O S
U I G W P Ñ A M D F Q G M A F N D O U E
O C C D C I Y O O U D O B H C T C A B C
E G O T A D O I O D C U R K Z A N R Ñ A
U P R E I E X R M A Y Q L G N D O B T D
N C R E S P O N D M S O S A T O R N S U
E Z E B O Q A Y O O R R C D E X H M O Q
B G G A N A D O P U E S T O Y U P U R A
A P I E I D E S C R I T O P A P Q E Z H
C O D O C A F A P M D O N R G O H R O C
I N O R S N O R P D O O I A Ñ C E T H P
A B M I D G I B C A N T E S G A R O A E
```

1. ....
2. ....
3. ....
4. ....
5. ....
6. ....
7. ....
8. ....
9. ....
10. ....
11. ....
12. ....
13. ....
14. ....
15. ....

6.8. **a.** **Complete the conversation with the correct present perfect form of the verbs from the list.**

ir · llegar · robar · tirar · romper · salir · ver · pedir

María: ¡Hola, Pedro! ¿Cómo estás?

Pedro: ¡Uf! Hoy no tengo un buen día. He tenido una cita con Ana que ha sido un desastre…

María: ¡No me digas! ¿Qué ha pasado?

Pedro: Pues para empezar, esta mañana se .... el coche. Por eso ....
muy tarde a mi cita.

María: ¿Y qué ha dicho Ana?

Pedro: Pues, como es lógico, estaba enfadada, pero yo le he explicado el problema y parece que lo ha
comprendido. Luego .... (nosotros) a cenar a un restaurante italiano, Ana ....
.... sopa para cenar y el camarero .... la sopa encima de Ana.

María: ¡Qué horror!

Pedro: Finalmente, cuando .... (nosotros) del restaurante .... (yo) que…
¡Alguien .... mi coche!

b. **Now put the pictures into the correct order according to the story told in the conversation.**

 a

 b

 c

 d

 e

1	2	3	4	5

6.9. **a.** **Write the correct present perfect form of the verbs in parenthesis.**

a. Este año .... (ir, yo) de vacaciones con mi familia a una playa de Miami.

b. Durante las vacaciones .... (hacer, nosotros) submarinismo en el Caribe.

c. Mi hermana no pudo bañarse con nosotros porque aún no .... (aprender, ella) a
nadar.

d. Este verano mi padre y mi hermano mayor .... (pescar, ellos) un pez muy grande y
ellos .... (decidir) tomarle una foto.

e. Yo .... (escribir) postales a mis amigos del colegio dos veces.

f. .... (Montar) a caballo con mi madre varias veces.

g. Durante las vacaciones de Navidad nunca .... (jugar, nosotros) a la consola porque allí
no hay televisión.

h. ¡Sin embargo mi hermana .... (leer) el último libro de Harry Potter tres veces!

i. ¿Adónde .... (viajar) ustedes estos días?

b. **Write the time expressions from each of the previous sentences.**

1. .... 4. .... 7. ....

2. .... 5. .... 8. ....

3. .... 6. .... 9. ....

c. **What did you do during your last vacations? Choose five time markers and write sentences.**

1. ....

2. ....

3. ....

4. ....

5. ....

6.10. **Put the words into the correct order to form logical questions.**

a. ¿has/Alguna/al/vez/extranjero/viajado? ....

b. ¿Alguna/has/algo/roto/otra/persona/de/vez? ....

c. ¿vez/ganado/Alguna/premio/has/un? ....

d. ¿avión/perdido/vez/un/has/Alguna? ....

e. ¿hecho/vez/de/riesgo/has/un/Alguna/deporte? ....

Direct and Indirect Object Pronouns

6.11. **Rewrite the sentences replacing the words in italics with the appropriate direct object pronoun.**

a. Esta mañana María ha comprado *un sombrero nuevo para el sol*.
........_Esta mañana María lo ha comprado._..

b. Pedro ha escalado *las montañas más altas de Perú* este año.
....

c. Mis amigos y yo hemos visto *una película* en mi casa esta tarde.
....

d. Este verano mis amigos han rentado *un barco*.
....

e. Esta semana los estudiantes han hecho *sus exámenes finales*.
....

f. Pedro y María aún no han encontrado *sus maletas*.
....

g. Carlos ha vendido *su consola* porque necesitaba dinero.
....

h. Pablo nunca ha visitado *las ruinas de Machu Picchu*.
....

6.12. Rewrite the sentences replacing the underlined words with the appropriate direct and indirect object pronouns.

a. Miguel ha pedido el número de teléfono a la muchacha que conoció en el viaje.

....

b. Marta ha solicitado información sobre la ciudad a la oficina de turismo de Seattle.

....

c. Pedro todavía no le ha regalado flores a su novia.

....

d. Mario ha tomado una foto a Susana esta mañana.

....

e. ¿Ya han dado los mapas a los turistas?

....

f. Juan le ha escrito una carta de amor a Luisa hoy.

....

g. Mi hermana le ha contado un secreto a mi madre esta mañana.

....

h. Ana le ha recomendado a María que visite México.

....

6.13. Rewrite the following postcard using direct or indirect object pronouns where necessary. *¡Atención!* You should be able to substitute 11 direct object pronouns and 5 indirect pronouns for the nouns in the postcard.

Querida María:

Estos días estoy de vacaciones en la playa en la costa de Miami. Aquí tengo muchos amigos. Veo a mis amigos todos los días y cuento a mis amigos las historias que me han pasado. Cuento a mis amigos las historias que me han pasado porque ellos se ríen mucho. También voy al cine a ver películas. Me gusta ver películas los lunes porque es más barato, y luego recomiendo las películas a mis amigos. Ellos prefieren las películas de acción pero no podemos ver las películas si son muy violentas.

¿Tú cómo estás? ¿Sabes algo de Ana? Yo vi a Ana el día antes de venir a Miami. Encontré a Ana muy contenta y dije a Ana que tenía que venir a visitarme, pero aún no he llamado a Ana. Si ves a Ana, di a Ana que espero a Ana aquí.

Un abrazo,

Pedro

....
....
....
....
....

DESTREZAS

Hablar

6.14. With a partner, create a brief conversation according to the situation in the following images. Then perform it for the class.

Escribir

6.15. Write a friend an e-mail on December 31st telling him about all the important or fun things you have done during the year.

De: _____ Para: _____

Escuchar

6.16. 🎧 6 Listen to the recording and answer the questions.

a. ¿Qué ha desayunado? ....
b. ¿Qué ha comido? ....
c. ¿Dónde ha ido? ....
d. ¿Qué ha hecho durante el día? ....
e. ¿Qué ha cenado? ....

6.17. **a.** **Read the following travel blog entry about Madrid.**

MADRID, TU MUNDO

He comprobado que Madrid tiene pasión por la cultura y eso lo he visto en sus fuentes, en sus monumentos al aire libre y en los numerosos museos de la ciudad. Además del incalculable valor artístico que albergan sus museos, salas de exposiciones y galerías de arte, la Comunidad de Madrid cuenta con una riqueza patrimonial e histórica inigualable en sus calles, edificios y monumentos. En los alrededores he visitado lugares inolvidables, de singular atractivo, como el Monasterio de San Lorenzo de El Escorial, Alcalá de Henares, ciudad Patrimonio de la Humanidad, o el Real Sitio de Aranjuez, entre otros. En definitiva, un gran legado histórico que hace particularmente atractiva la oferta cultural de Madrid.

Madrid me ha ofrecido una variada oferta para disfrutar de la ciudad, tanto de noche como de día. Por el día he visitado fantásticos centros de diversión que me han permitido vivir experiencias difíciles de olvidar. Si prefieres algo más tranquilo, hay cafés, lugares de tertulia y sosiego. La Comunidad de Madrid cuenta también con extensiones naturales, bellos espacios protegidos donde realizar variadas actividades deportivas. La noche madrileña ha constituido otro atractivo turístico importante y he ido a todo tipo de espectáculos musicales y teatrales. He cenado en algunos restaurantes con encanto que cierran a última hora zonas de copas con un ambiente vital cosmopolita y moderno.

Ir de compras por Madrid ha sido para mí uno de los grandes atractivos de la región. He encontrado desde las más prestigiosas marcas internacionales hasta la artesanía de las pequeñas tiendas tradicionales e imaginativas. Anticuarios, en El Rastro, subastas de objetos artísticos, moda, joyas, calzado, artesanía, muebles, grandes almacenes, grandes superficies comerciales… son algunas de las posibilidades que me ha ofrecido Madrid. Ir de compras por Madrid ha sido más que una necesidad, un placer.

(Adaptado del folleto *Madrid, tu mundo*, editado por el Consorcio Turístico de Madrid, S.A.)

b. **Now decide if the following statements are true (T) or false (F) according to the previous text.**

	T	F
1. En Madrid hay muchos museos.	▪	▪
2. El Monasterio de San Lorenzo de El Escorial está en Alcalá de Henares.	▪	▪
3. Madrid es famosa por sus numerosos cafés.	▪	▪
4. En Madrid hay numerosos parques donde se pueden realizar actividades deportivas.	▪	▪
5. La vida nocturna de Madrid es tranquila y tradicional.	▪	▪
6. En Madrid puedes comprar en grandes centros comerciales o en pequeñas tiendas.	▪	▪

c. **Answer the following questions.**

1. ¿Qué lugares de interés se mencionan en el texto desde el punto de vista cultural? ....
....
....

2. En el texto se dice que Alcalá de Henares es "Ciudad Patrimonio de la Humanidad". ¿Qué significa eso? ....
....

3. ¿Por qué la oferta de ocio nocturna de Madrid es tan interesante? ....
....
....

4. ¿Sabes qué es El Rastro? Descríbelo. ....
....
....

CULTURA. *EL DÍA DE SAN VALENTÍN*

6.18. **Number the paragraphs in the correct order to learn more about el *Día Internacional de la Amistad*.**

En Argentina se celebra el 20 de julio y se llama la Semana de la Dulzura. Consiste en cambiar un dulce por un beso. En México se celebra dos veces: el 30 de julio, pero sobre todo el 14 de febrero, día de San Valentín. También en Chile, Guatemala, Ecuador, Venezuela y otros países de Centroamérica San Valentín es el Día de los Enamorados y de la Amistad.

[1] Sin duda, la amistad es uno de los sentimientos más importantes y universales. Por eso, en 2011, las Naciones Unidas designó el 30 de julio como el Día Internacional de la Amistad.

Una manera muy popular de celebrar el Día de la Amistad en las escuelas, es jugar al "amigo secreto". Se ponen todos los nombres de los estudiantes de la clase en una caja. Cada estudiante agarra un papel y tiene que hacerle un regalo a esta persona. Pero el regalo no se da en mano, hay que dejárselo al amigo en su mesa sin ser visto. El regalo no tiene que ser algo material, puede ser una manualidad, un poema… lo importante es el detalle. Muchas veces no solo se hace un regalo, si no que durante una semana hay que dejar pequeños detalles en su lugar de trabajo. Por ejemplo, unos bombones, una flor, un mensaje amable, pero siempre de forma anónima. Después, se puede jugar a adivinar quién te lo ha regalado.

En España este juego se llama el "amigo invisible" y se suele realizar justo antes de Navidad. El día de San Valentín es solo para los enamorados. Aunque no todo el mundo lo celebra porque hay personas que lo consideran una fiesta muy comercial. El motivo es que en España esta fiesta empezó a celebrarse a mediados del siglo XX y fueron unos importantes centros comerciales los que empezaron a hacer publicidad de esta fiesta.

Se eligió esta fecha porque en 1958, un doctor, don Artemio Perro, en una reunión de amigos tuvo la idea de hacer una fiesta nacional de la amistad. Habló con el gobierno de su país, Paraguay, y después de muchas gestiones consiguió fijar el día 30 de julio como el Día de la Amistad. Poco a poco la idea se extendió a otros países de Latinoamérica, aunque no en todas partes se celebra el mismo día.

6.19. Read the following posts from some students chatting about how el *Día Internacional de la Amistad* is celebrated in their countries. Match each post with the corresponding nationality.

chileno · argentino · español · mexicano

DÍA DE LA AMISTAD

a. ....
Nosotros lo celebramos sobre todo el 14 de febrero. Yo este año le regalé a mi cuate una pulsera que hice yo mismo.

b. ....
En mí país, no se celebra un día específico, pero cuando se acerca la Navidad solemos jugar al amigo invisible. Esto es una manera de celebrar la amistad, ¿no?

c. ....
Nosotros regalamos bombones. Ese día si te regalan un bombón, tú tienes que dar un beso a esa persona.

d. ....
A mí el año pasado por San Valentín, un amigo mío me regaló un libro de poemas de Gabriela Mistral. Ahora salimos juntos.

UNIDAD 7

VOCABULARIO

7.1. **Fill in the blanks with the missing vowels to form verbs in the preterit and imperfect tenses.**

a. ....d....pt....

b. ....m....nt....

c. C....ns....d....r....b....n

d. C....nv....rt.... ....r....n

e. D.... ....r....n

f. D....j....

g. ....r....

h. ....st....b....m....s

i. ....st....b....n

j. ....xpl....c....b....

k. ....xpl....c....

l. F.... ....

m. H....b.... ....

n. H....bl....m....s

ñ. H....c.... .... r....n

o. ....ntr....d....c.... ....n

p. Ll....v....r....n

q. P....ns....r....n

r. R....pr....d....j....

s. P....d.... ....n

t. V....n.... ....n

u. V....n.... ....r....n

7.2. **Complete the text with the verbs from the previous activity.**

Ayer en la escuela (1) .... de hechos curiosos. (2) .... una clase muy interesante y todos (3) .... muy atentos mientras el profesor los (4) .... El profesor nos (5) .... que en Europa no (6) .... ratas hasta la Edad Media. (7) .... desde la India en los barcos que (8) .... para comerciar. Este animal enseguida se (9) .... a su nuevo hábitat y se (10) .... rápidamente. Años más tardes los europeos las (11) ...., de manera no intencionada, a América ya que se (12) .... en los barcos de los exploradores.
También nos (13) .... que las vacas ya se (14) .... sagradas en la India desde el año 800 aC. El motivo (15) .... que la población (16) .... mucho y se (17) .... cuenta de que (18) .... acabando con la carne de vaca. Así que (19) .... que (20) .... mejor no matar a las vacas para producir más leche y así poder alimentar a más personas. Entonces (21) .... una prohibición de matar y comer carne de vaca. De esta manera se (22) .... en animales sagrados.

7.3. **Complete the rule with the correct past tense.**

• Para hablar de acciones habituales en el pasado o describir una situación en el pasado se usa el ....

....

• Para hablar de acciones del pasado que ocurren en un periodo de tiempo terminado y sin relación con el presente se usa el ....

7.4. **Reconstruct the following letter by first reading the definitions to identify the verbs. Then write the verb in the correct preterit or imperfect form as needed. The definitions and blanks have the same number. Use the example in the first item to get you started.**

1. Verbo: lo haces con un lápiz o una pluma.

2. Verbo en tercera persona del singular: los estudiantes lo confunden con *estar*.

3. Adjetivo: lo contrario de fácil.

4. Verbo: se usa también para indicar posesión. Por ejemplo: .... dos coches.

5. Test que haces para probar tus conocimientos sobre una asignatura. En plural.

6. Verbo que empieza con la letra h.

7. El mismo verbo que en 4.

8. Escritor cuya biografía estudiaste en esta unidad.

9. La obra literaria más importante del escritor de 8.

10. Adjetivo femenino: lo contrario de *mala*.

11. Verbo que significa *hablar*. Su participio es irregular y empieza con la letra d.

12. El número que va después del siete.

13. Verbo en primera persona del plural. No es el verbo *ser*, es el otro.

14. Sustantivo. Normalmente en ella se baila, se come, se bebe.

15. Verbo. Es una acción que se hace con los ojos.

16. Verbo. Cuando ves por primera vez a una persona.

17. Lugar silencioso con muchos libros al que se va a estudiar.

18. Verbo. Es una acción que se hace con la boca y se necesita la voz.

19. Verbo. Es sinónimo de entregar, empieza con la letra d, tiene tres letras y es de los verbos que terminan en –ar.

20. Teléfono que puedes llevar a todas partes.

21. Verbo que se usa para concertar o concretar una cita con alguien.

22. Es un verbo y el sustantivo es *decisión*.

23. Relación familiar: el hijo de tu padre, es tu…

24. Forma coloquial de despedirse en una carta. En persona: se da con los brazos.

Querido Luis:

Perdona, pero no te (1) ....escribí......... antes porque este mes (2) .... un poco (3) .... para mí. (4) .... varios (5) ...., menos mal que ayer (6) .... el último. La semana pasada, además, (7) .... que entregar el trabajo sobre (8) ...., y ya sabes que (9) .... es una obra muy interesante, pero muy larga. Por lo menos tengo una (10) .... noticia: esta mañana me (11) .... la nota del trabajo, ¡un (12) ....!

Pero, bueno, tengo que contarte más cosas. El viernes pasado (13) .... en una (14) .... en casa de Sandra por su cumpleaños, y ¿sabes a quién (15) ....? ¡A la muchacha que (16) .... hace 2 meses en la (17) ....! ¿Te acuerdas? Supongo que sí, porque este mes te (18) .... de ella varias veces. Pues, antes de irse me (19) .... su (20) .... Ya te contaré. Y tú, ¿ya (21) .... con Estefanía?

Por cierto, ¿todavía no (22) .... cuándo van a venir? Tengo ganas de verles a ti y a tu (23) ....

Y ya me despido, prometo no tardar tanto en escribirte la próxima vez.

Un (24) ....

Alberto

7.5. **Number the sentences about the invention of movies in the correct order.**

a. El 28 de diciembre de 1895 nació para el público el cinematógrafo. .... ☐1

b. No había mucho público en el café: solo 35 espectadores, pero fue tal éxito que el resto de los días se llenó la sala. Todo París hablaba de aquel invento maravilloso. .... ☐

c. La primera película española apareció un año después: *Salida de misa de doce de la iglesia del Pilar de Zaragoza*, de Eduardo Jimeno. .... ☐

d. El corto que más impacto causó fue *La llegada del tren*, que parecía que la enorme máquina de hierro se iba a salir de la pantalla y atropellar a todos. .... ▪

e. A pesar del éxito, las cintas de los Lumière no eran nada apasionantes, como se aprecia en sus títulos: *Riña de chicos*, *La crianza*, *Partida de naipes*, *El mar*, *La demolición de un muro*, *El herrero*… escenas de la vida cotidiana presentadas como un documental, pero aquello suponía todo un espectáculo: era la fotografía en movimiento. .... ▪

f. Ese día, en el Café Capucines de París los hermanos Lumière proyectaron *La salida de la fábrica*, una de las películas del largo centenar que habían rodado y que habían visto, hasta entonces, solo los familiares y amigos. .... ▪

GRAMÁTICA

The Imperfect and the Preterit

7.6. **a. Read a page from Alejandra's diary written on February 18, 2000 and fill in the blanks with the correct preterit or imperfect form of the verbs in parenthesis. Based on her diary and some of her personal documents, we learn that she was not exactly truthful.**

Ayer fue mi cumpleaños: cumplí 40. Mi madre (1).......................... (*ser*) la primera persona que me (2).......................... (*felicitar*). Me (3).......................... (*llamar*) por teléfono y me (4).......................... (*decir*): "Hija, te haces mayor"; (5).......................... (*estar*) deprimida todo el día. (6).......................... (*Acostarse*) muy pronto, pero (7).......................... (*tener*) problemas para poderme dormir: (8).......................... (*estar*) pensando en mi vida.

(9).......................... (*Casarse*) hace 18 años, cuando (10).......................... (*tener*) 22 años. (11).......................... (*Divorciarse*) cinco años después porque mi esposo (12).......................... (*volver*) a casa siempre muy tarde.

El mes pasado (13).......................... (*ir*) al cine y me (14).......................... (*encontrar*) con Ana (una compañera de la universidad). (15).......................... (*Ir, nosotras*) a tomar algo a un bar y (16).......................... (*recordar, nosotras*) viejos tiempos, sobre todo el viaje de fin de carrera en 1983: (17).......................... (*estar, nosotras*) en Italia. ¡Qué bien lo (18).......................... (*pasar, nosotras*) entonces en la universidad!

Después de la universidad (19).......................... (*empezar*) a trabajar en un laboratorio y todavía sigo ahí. Yo (20).......................... (*querer*) ser científica y (21).......................... (*soñar*) con trabajar en EE. UU.

Es verdad que me hago mayor: el mes pasado (22).......................... (*ir*) dos veces al médico y anteayer no (23).......................... (*poder*) ir a trabajar: estuve en la cama con una gripe tremenda. Me gusta mucho montar en bici, pero antes la (24).......................... (*usar*) muchas veces.

Ayer fue mi cumpleaños, pero hace años que no (25).......................... (*sentirse*) tan triste.

b. Look at the following documents and underline the three lies she told in the previous diary entry.

7.7. Decide whether the time expressions Alejandra used in her diary are used to describe habitual actions or completed actions and list them in the correct category.

Acciones terminadas	Acciones habituales y descripciones en el pasado

7.8. Complete the following entries from the diaries of Alejandra's mother, her housemate, and her psychologist with the correct preterit or imperfect form of the verbs from the list.

vestir · estar (2) · escribir · dormir · llamar · ser · venir · felicitar · ir · levantarse (2)

Su madre

Ayer .... el cumpleaños de mi hija, la .... por teléfono y la ...., pero .... un poco rara. Creo que se está haciendo mayor. La semana pasada .... al médico dos veces.

Su compañera de piso

Ayer fue el cumpleaños de Alejandra. Le .... una nota de felicitación porque cuando ...., ... en la cama.
Creo que el día anterior .... mal y .... varias veces.

Su psicólogo

Alejandra es una mujer compleja. Su vida es normal, pero ella siempre piensa que es un personaje importante. Falsea la realidad, por ejemplo anteayer cuando .... a la consulta, ... de verano.

7.9. **a.** To learn more about some famous athletes, first write the name of each sport and then complete the question with the correct preterit or imperfect forms of the verbs from the list.

Un deporte:	Un nombre:
....	Maria Sharapova

nacer • hacerse • participar

1. ¿Por qué .... famosa María Sharapova en los últimos años?

2. ¿En qué torneo .... María Sharapova en 2004?

3. ¿Dónde .... Maria Sharapova?

Un deporte:	Un nombre:
....	Pau Gasol

recibir • salir • ser

1. ¿Por qué acontecimiento .... en los periódicos Pau Gasol a principios de 2008?

2. ¿Qué títulos .... varias veces en su carrera Pau Gasol?

3. ¿Cuál .... su primer equipo?

Un deporte:	Un nombre:
....	Diego Armando Maradona

decir • jugar • conseguir

1. ¿En qué equipo .... de joven Maradona?

2. ¿Por qué .... tanto prestigio en el mundo del fútbol?

3. ¿Qué .... a la prensa en el año 1997?

b. Complete the information about these athletes by arranging the words in parenthesis into the correct order. Use the correct preterit or imperfect forms of the verbs.

Maria Sharapova es la tenista rusa que con solo 17 años ....
.... (prestigioso/Wimbeldon/el/ganar/torneo/de) en 2004. En esos años a veces .... (como/posar/en/revistas/modelo/varias).

Pau Gasol Sáez es el jugador español que ....
.... (ingresar/Los/en/Lackers/de/Ángeles/la/NBA) en 2008, y a lo largo de su carrera
.... (varias/conseguir/como/
nominaciones/mejor) Jugador Nacional de la Jornada.
En la temporada 1997-98, con 16 años, Gasol ....
.... (FC Barcelona/el/ingresar/en) y el equipo ....
.... (el/España/Junior./ganar/de/campeonato)

Diego Armando Maradona, argentino, es considerado el mejor jugador de los últimos tiempos,
.... (habilidad/con/destacar/por/balón/su/el) y su
depurada técnica. Maradona .... (importantes/
conseguir/deportivos /logros) tanto con la Selección Argentina como con algunos de los clubes en
los que jugó. Sus logros más importantes a nivel de clubes ....
.... (los/obtener/jugando/para/el/Nápoles), donde ganó una Copa de la
UEFA. En 1997 .... (prensa/retirar/a/la/
que/comunicar/se) del fútbol. Siempre ....
(su/admiración/mostrar/pertenecer/al/de/mejor/club/por/fútbol): el Club Atlético Independiente.

7.10. **Complete the following paragraph with the correct preterit or imperfect form of the verbs in parenthesis.**

Inventos que son fruto del azar

La pólvora, el neumático, el pósit, el plástico… son objetos con una curiosa historia detrás. Algunos
.... (nacer) por el fracaso de proyectos originales.

Aunque se ignora quién .... (inventar) la pólvora, la leyenda cuenta que ....
(ser) un alquimista chino que en el siglo IX .... (buscar) el elixir de la eterna juventud. Pero
.... (equivocarse) en sus cálculos y así .... (surgir) la pólvora, por azar y gracias a
un error de su creador. No .... (ser) el único.

Otro ejemplo es el del pósit, esas celebres notas amarillas que .... (cambiar) la fisonomía
de las oficinas de todo el mundo. Estos papelitos, que ya .... (cumplir) más de 30 años,
.... (nacer) como el sonoro fracaso de un tal Spencer Silver, que .... (querer)
inventar un nuevo pegamento. Años después, su compañero de trabajo Arthur Fry, estando en la iglesia
con su libro de coros, ... (pensar) que aquel adhesivo .... (poder) servir como
marcapáginas. Así .... (nacer) el pósit.

Los años cincuenta fueron los padres del plástico. Los investigadores Paul Hogan y Robert Banks
.... (tratar) de fabricar un combustible de alto octanaje a partir de propileno, pero en lugar
de obtener un líquido, ... (conseguir) una sustancia viscosa y versátil. A partir de ahí se
desarrolló el plástico.

Cuatro siglos antes de tan sensacional invento, una serie de casualidades .... (dar) lugar a un
ingenio no menos fenomenal: el microscopio. El artífice .... (ser) el óptico holandés Zacharias
Janssen, al que, en algún momento entre 1590 y 1600, se le .... (ocurrir) la genial idea de
superponer varias lentes en un tubo. Y lo que está por llegar… quién sabe si quizá también por casualidad.

Adaptado de *www.20minutos.es/noticia/59945/0/ Inventos/fruto/azar/*

7.11. Complete the following riddles with the correct imperfect or preterit form of the verb in parenthesis. Then match each riddle with its corresponding image.

1

- Se .... (inventar) en 1901.
- Para muchas personas .... (ser) el mejor invento de la historia.
- En Estados Unidos .... (empezarse) a comercializar en los años 20.
- En Europa no se .... (popularizar) hasta después de la Segunda Guerra Mundial.
- Hoy en día es algo básico en una casa.

2

- Se .... (crear, él) en 1963 y no se .... (tardar) más de 10 minutos en hacerlo.
- A su creador le .... (pagar) 45 dólares por hacerlo.
- Nunca lo .... (patentar), aunque se .... (vender) millones en aquellos años. Su creador nunca .... (beneficiarse) de su ingenio.

3

- Los primeros .... (ser) creados en Japón en 1979.
- Su creación .... (significar, él) un gran cambio en la vida de la gente.
- En España se .... (popularizar, él) en los 90 y la gente lo .... (usar) frecuentemente.
- Poco a poco .... (sustituir, él) al de casa.

4

- .... (Empezar, él) a venderse en 2001.
- .... (Venderse) más de 100 millones.
- Cuando en el año 2000 .... (ir, ellos) a patentar su nombre, ... (ver, ellos) que ya .... (estar, él) en uso. Por suerte, en 2001 .... (caducar) la patente del otro producto y .... (poder, ellos) usarlo.

5

- .... (Ser, él) creado en 1946 por un ingeniero en Estados Unidos.
- .... (Llegar, él) a las casas a finales de los años setenta.
- Entonces .... (cuestionarse) mucho su uso y se .... (decir) que podía ser perjudicial para la salud.

6

- El roquero Daisuke Inoue lo .... (inventar) en 1971.
- Su inventor nunca lo .... (patentar), así que se calcula que .... (dejar) de ganar unos 150 millones de dólares.
- Se .... (ponerse, él) muy de moda en los 90 y la gente lo .... (poner) en sus fiestas.

a.

b.

c.

d.

e.

f.

Indefinite Pronouns and Adjectives

7.12. **Complete the sentences with the indefinite pronouns.**

a. ¿Sabes si hay alguien en casa? Estuve llamando a la puerta pero no abrió ....

b. ❯ ¿Qué hiciste el fin de semana?

   ≫ La verdad es que no hice .... especial.

c. Si .... quiere venir conmigo a la playa, entonces voy a ir solo.

d. ❯ ¿Tienes .... para escribir?

   ≫ No, no tengo ....

e. ❯ ¿Has visto pasar a .... por aquí?

   ≫ No, no he visto a ....

f. ❯ ¿No llevas .... de dinero?

   ≫ Sí, llevo ...., pero no quiero gastarlo.

7.13. **Decide if the highlighted words are adjectives or pronouns.**

a. ❯ ¿Hay algún restaurante por aquí cerca?
   ....adjetivo............

   ≫ No, no hay ninguno.
   ....

b. En esta tienda hay algunas camisas muy bonitas.
   ....

c. Tengo algunos amigos muy divertidos.
   ....

d. No creo que ninguna película te guste.
   ....

e. ❯ ¿Va a venir alguna de tus amigas a la fiesta?
   ....

   ≫ No, ninguna.
   ....

DESTREZAS

Hablar

7.14. **What kinds of volunteer experiences have you had? Prepare a presentation for the class explaining how it went and what it involved.**

Escribir

7.15. **Write about a funny or interesting experience you had in your Spanish classes.**

....

....

....

....

....

....

....

....

....

Escuchar

7.16. 🎧 7 **Listen to the recording and then select the correct options to complete the sentences.**

a. Este texto es **un artículo de prensa/un fragmento de una novela**.

b. El artículo trata de **una campaña solidaria/una campaña de sensibilización contra el hambre**.

c. **Los valencianos/Algunos restaurantes** participan en esta campaña.

d. Es la **primera/segunda** edición de esta campaña.

e. El objetivo es **mandar comida a/conseguir dinero para** África.

f. Paco Morales es un **gran cocinero/el director** de *Acción contra el Hambre* en España.

g. Según Paco Morales, no consiguieron **suficiente dinero/quieren conseguir más dinero** que el año anterior.

h. Los restaurantes han elegido **dos modos/la misma forma** de participación en esta campaña.

i. La campaña **se extiende a toda España/solo existe en la Comunidad valenciana**.

Leer

7.17. **Read the radio interview with the famous actress Penélope Cruz and decide if these statements are true or false.**

Periodista: Tenemos el placer y el honor de tener en nuestra emisora a la gran estrella Penélope Cruz. Buenas tardes Penélope.

Penélope Cruz: Hola, Alberto. Yo también estoy encantada de compartir estos momentos con vosotros.

Periodista: Penélope… Me sorprendió mucho tu última película y es obligada la pregunta: ¿también bailarina clásica?

Penélope Cruz: *(Se ríe)* Ya sabes Alberto que en el mundo del cine hay que hacer de todo. Además, yo estudié *ballet* desde los cinco años. Nací en 1974, así que esto ocurrió a partir de… 1979, exactamente.

Periodista: Además, tus primeros trabajos eran en videos musicales.

Penélope Cruz: Sí. Yo empecé con mi carrera en los años 80 con anuncios publicitarios, videos musicales y televisión. En 1991 empecé a trabajar en el cine y hasta ahora no he parado. *(Se ríe)*.

Periodista: Todos sabemos que naciste en Madrid y después de algunos años fuiste a Hollywood a trabajar. Hay una etapa de tu vida de la que me gustaría hablar… Tu relación con Tom Cruise.

Penélope Cruz: Bueno, fue una relación muy bonita y durante cuatro años, de 2001 a 2004, fuimos novios. Fue justo antes de ganar un Oscar.

Periodista: También filmaste películas en Italia, Francia y por supuesto, Estados Unidos. ¿Es difícil adaptarse al estilo de cada país?

Penélope Cruz: No, lo más difícil es que tienes que aprender idiomas. Desde pequeña me gustaba aprender idiomas. Es algo que me encantaba. Durante toda mi vida he aprendido diferentes idiomas.

Periodista: En 2010 llegó a tu vida Javier Bardem…

Penélope Cruz: Bueno, en 2010 me casé con él pero llegó a mi vida bastante antes. Ese año fue fantástico, ya que también tuve a mi primer hijo. Fue un momento de gran felicidad.

	T	F
a. Nació en Madrid en 1975.	▪	▪
b. Estudió *ballet* desde los cinco años.	▪	▪
c. Sus primeros trabajos fueron en los años 90.	▪	▪
d. Empezó a trabajar en el cine en 1991.	▪	▪

	T	F
e. A lo largo de su vida ha aprendido un idioma.	■	■
f. En 2010 se casó con Tom Cruise.	■	■
g. En 2010 tuvo su segundo hijo.	■	■

CULTURA. *HISTORIAS MARAVILLOSAS*

7.18. **Read the following legends and answer the questions below.**

Mito: La creación del chocolate

En el jardín de los dioses había un árbol de cacao. Los dioses guardaban misteriosamente esta planta porque con sus frutos fabricaban una bebida mágica que estaba prohibida a los mortales.

Pero el dios Quetzalcóatl, que amaba a los hombres, viendo que estos trabajaban duramente y sufrían, para aliviar sus penas decidió hacerles un regalo. Un día, mientras los otros dioses bebían y disfrutaban con la bebida, Quetzalcóatl robó cuatro granos de cacao, los ocultó en su barba y bajó a la Tierra. Allí los plantó y, cuando el árbol dio frutos, Quetzalcóatl enseñó a las mujeres a molerlos y mezclarlos con agua para preparar el chocolate, la deliciosa bebida de los dioses.

a. ¿Quiénes eran los únicos que podían disfrutar del cacao? ....

b. ¿Quién era Quetzalcóatl? ....

c. ¿Cómo preparaban el chocolate? ....

Mito: La creación del mundo y del hombre

La creación del mundo y de los hombres según los mayas aparece recogida en el Popol Vuh, uno de los textos literarios más importantes escrito después de la llegada de los españoles en lengua quiché.

Todo estaba oscuro, en calma, en silencio; solo los progenitores que crearon el cielo y la tierra. También se crearon los ríos. Más tarde, crearon a los animales, para cuidar a los árboles y a las plantas. Pero no hablaban y no podían adorar a sus creadores. Por eso quisieron hacer al hombre.

En el primer intento hicieron al hombre de barro, pero no podía estar de pie, ni andar y se deshizo.

Luego lo hicieron de madera y sí podía estar de pie, andaba y hablaba, pero no tenía memoria y no recordaba a sus creadores. Por ello, no podrían adorarles. Fue destruido.

En el tercer intento se hizo al hombre de madera de tzité (árbol cuyo fruto son los frijoles rojos) y a la mujer de espadaña (planta acuática), pero estos no pensaban ni hablaban con sus creadores. De ellos descienden los monos y por eso se parecen a nosotros.

Por último, se hizo al hombre con el maíz, su comida. Al principio se creó a cuatro hombres: Balam-Quitze, Balam-Acab, Mahucutah y Iqui-Balam. Estos son los nombres de nuestras primeras madres y padres.

d. Escribe en orden los materiales de los que hicieron al hombre:

1. .... 2. .... 3. .... 4. ....

e. ¿Por qué fueron destruidas las tres primeras creaciones?

1. ....

2. ....

3. ....

VOCABULARIO

8.1. **The images below show situations requiring an apology. Complete the steps that follow.**

a

b

c

1. First, replace the images in the conversations with the correct words.
2. Next, complete the conversations with the correct present perfect or imperfect form of the verbs from the list.
3. Finally, select the letter of the correct image that corresponds to the situation in each conversation.

Situación ◯

oír · tener · llamar · estar · levantarse · poner

» Perdona, pero es que he tenido un día tremendo. Primero: esta mañana no .... el ⏰

.............................., y ya me .... 15 minutos más tarde. Después, en el instituto, la profesora

.... un [image] .... sorpresa. En mi casa, mi madre me ha llamado para

decirme que .... que quedarse a trabajar hasta más tarde, y he tenido que ir a recoger a

mi [image] .... al colegio. Y he estado con ella hasta que ha vuelto mi madre de trabajar. Te

.... al [image], pero .... sin cobertura.

Σ No pasa nada, no te preocupes. Relájate.

Situación ◯

dejar · venir · empezar

» Lo siento, pero es que ayer por la tarde .... mis primos a [image] .... y

el pequeño se enfadó porque no le .... entrar a nuestra [image] ....

.... a gritar y le abrimos la [image] ....: cuando entró, tomó el CD y lo pisó.

Σ Bueno, vale, pero la próxima vez ten más cuidado.

Situación ◯

estar · quedarse · ser

» ¡Ay! Perdona, pero .... sin querer. Es que tengo un poco de prisa: .... a las

[image] .... y ya son casi. .... tan concentrado terminando este [image]

.... que no me he dado cuenta de la hora.

Σ No ha sido nada. Ya lo recojo.

8.2. **Complete the following sentences with an appropriate apology.**

a. Siento mucho llegar tarde a clase, es que ....

b. Perdona, te he pisado, pero ha sido ....

c. Perdóname por no haberte felicitado por tu cumpleaños, no ....

d. Perdón, no he ordenado mi habitación, no ....

e. Lo siento, he roto el jarrón que tanto te gustaba, ha ....

f. No te he ayudado a preparar la comida, ¡cuánto lo siento! Es que ....

8.3. **Complete the conversations with the missing words.**

DIÁLOGO 1
❯ ¡Ay!
⟫ ¡Perdona!, te he empujado. Es que no te he visto.
❯ Tranquilo, no .... nada

DIÁLOGO 3
❯ ¡Eh! Mira por dónde vas, me tiraste el vaso.
⟫ ¡Oh!, lo siento mucho, fue sin querer.
❯ Está bien, no te ....

DIÁLOGO 2
⟫ ¡Eres tonto!
❯ No me gustan los insultos.
⟫ ¡Lo siento mucho!, de verdad. ¡Perdóname!
❯ Ok, te perdono, pero no lo .... a hacer.

DIÁLOGO 4
❯ ¿Ves? Tu camisa me está bien. (Crrrrrraaaack)
⟫ ¡Oh! La has roto.
❯ ¡Cuánto lo siento! Perdón, no va a volver a pasar.
⟫ Tranquilo, no tiene ...., tengo más camisas.

8.4. **Look at the photographs and choose the appropriate option to apologize to these people. Explain why.**

a. ▢ 1. perdóneme
▢ 2. perdóname

....
....
....
....

c. ▢ 1. perdona
▢ 2. perdone

....
....
....
....

b. ▢ 1. perdone
▢ 2. perdona

....
....
....
....

d. ▢ 1. perdóname
▢ 2. perdóneme

....
....
....
....

8.5. **Match each question with the appropriate response.**

1. Iba caminando por la calle y se me cayeron los pantalones.

a. ¡Qué pasada!

2. El padre de Antonio se compró un Porsche, último modelo.

b. ¡Qué dices!

3. Después de dos años juntos, Pedro y María se han separado.

c. ¡Qué vergüenza!

4. Oye, es verano, pero… ¡está nevando!

d. ¡Qué fuerte!

GRAMÁTICA

The Preterit, Imperfect, and Present Perfect

8.6. **Complete the crossword puzzle with the correct verb forms using the information from the clues.**

HORIZONTAL	VERTICAL
1. Poder (yo, pretérito)	**1.** Volver (participio)
2. Ver (participio)	**2.** Traer (yo, pretérito)
3. Pensar (nosotros, imperfecto)	**3.** Pedir (ellos, pretérito)
4. Hacer (participio)	**4.** Decir (participio)
5. Abrir (participio)	**5.** Poner (yo, pretérito)
6. Repetir (él, pretérito)	**6.** Oír (ellos, pretérito)
7. Oír (él, imperfecto)	**7.** Ir (yo, pretérito)
8. Poner (participio)	**8.** Decir (nosotros, pretérito)
9. Romper (participio)	**9.** Hablar (ellos, imperfecto)
10. Querer (vosotros, pretérito)	**10.** Mirar (vosotros, imperfecto)
11. Venir (tú, pretérito)	**11.** Ver (yo, pretérito)
	12. Salir (tú, imperfecto)

8.7. Choose which of the following sentences corresponds to the uses of the Preterit (P), Imperfect (I) or Present Perfect (PP).

	P	I	PP
a. Hablar de acciones del pasado que han ocurrido en un periodo de tiempo ya terminado.	■	■	■
b. Hablar de acciones que tienen relación con el presente.	■	■	■
c. Hablar de acciones del pasado pero que han ocurrido en un tiempo no terminado.	■	■	■
d. Describir en el pasado.	■	■	■
e. Hablar de acciones habituales en el pasado.	■	■	■
f. Hablar de las circunstancias en las que se desarrollan las acciones.	■	■	■
g. Dentro de una narración, hablar de acciones.	■	■	■
h. Hablar de una acción en desarrollo en el pasado interrumpida por otra acción.	■	■	■

8.8. The Jivaros, a native nation from the east of Ecuador, tell this legend to explain the appearance of fire. Put the extracts into the correct order to recreate the legend.

a. ■ Ellos salieron corriendo de sus casas y al ver la maravilla cada uno tomó una parte del fuego y se la llevó a su casa.

b. ■ Lo acercó a las llamas: el colibrí sacudía las alitas en la ceniza caliente.

c. ■ Tampoco podían alumbrarse por las noches.

d. ■ Una vez su mujer fue a una huerta a recoger papas.

e. ■ La mujer se compadeció del pajarito y se lo llevó a casa con la intención de calentarlo.

f. ■ Pronto pudo ponerse en pie y sin querer prendió su cola y se echó a volar.

g. ■ Cuenta la leyenda que hace muchos años los jíbaros no tenían fuego y comían los alimentos crudos.

h. ■ Es por ello que el colibrí tiene en la cola un destello de fuego.

i. ■ El colibrí se posó en un tronco de un árbol y allí dejó el fuego para los jíbaros.

j. ■ Pero había un hombre que sí tenía fuego, no se sabe cómo. Se llamaba Taquea.

k. ■ De regreso encontró un colibrí inmóvil sobre el camino, estaba mojado y no podía volar para conseguir su alimento.

l. ■ Así comenzaron a cocinar los alimentos, a alumbrarse por la noche y a contar historias alrededor de un fuego.

8.9. **a. Select the correct endings to complete the sentences that describe actions in the past.**

1. Esta mañana Jaime me (invitar) a desayunar... ....•
2. Esta semana Alicia y Gaspar (llegar)... ....•
3. El domingo pasado no (ir, nosotros) a la excursión, (quedarse, nosotros) en casa y,... ....•
4. El sábado Pablo y yo (cenar)... ....•
5. Ayer no (poder, nosotros) entrar al cine... ....•
6. Ayer (recibir, yo) un correo de Patricia... ....•
7. El verano pasado no (tener, yo) vacaciones,... ....•
8. Todavía no (ver, yo) la exposición de Modigliani. ....•
9. Este mes le (llamar, tú) varias veces y ....•

• **a.** ... pero yo no la (contestar).
• **b.** ... (alquilar, nosotros) un DVD.
• **c.** ... y (enfadarse, él) con el camarero.
• **d.** Ayer (intentar, yo) de nuevo verla, pero tampoco (poder).
• **e.** (llegar, nosotros) a la taquilla una hora antes, pero...
• **f.** ...(quedarme) en la oficina.
• **g.** ...tarde tres veces a la escuela.
• **h.** no (contestar, él) a tus llamadas.
• **i.** ...en un restaurante muy bonito.

b. The sentences below describe the circumstances which complete the previous sentences. Match them and write complete sentences by putting the verbs into the correct past tense. Use the model as a guide.

1. Su madre (estar) enferma. _Esta semana Alicia y Gaspar han llegado tarde tres veces a la escuela. Su madre estaba enferma._

2. La computadora no (funcionar) bien. ....

3. (Tener) mucho trabajo. ....

4. (Haber) mucha gente. ....

5. El café (estar) frío. ....

6. (Hacer) muy mal tiempo. ....

7. ...no (haber) entradas. ....

8. (Ser) nuestro aniversario. ....

8.10. **a. In preparation for writing a story of your own, respond to the following prompts with your own preferences and examples.**

1. Un adjetivo: *aburrido*, ...
2. La estación del año que te gusta más: *verano*, ...
3. ¿Qué prefieres:
    a) buen tiempo.   **b)** mal tiempo.
4. Un lugar: *mi casa*, ...

5. El nombre de una persona que te gusta: *Carlos* ....
6. Un adjetivo referido a la persona que has escrito en 5: *guapo*, ...
7. Una actividad que te gusta mucho hacer: *ir al cine*, ...

8. Una frase que repites mucho (en español): *¡Qué suerte!*, ...

9. Una bebida que te gusta mucho, en plural: *cafés*, ...

10. Un adjetivo para describir un estado de ánimo. En masculino si eres un muchacho, en femenino si eres una muchacha: *nerviosa*, ...

11. El nombre de una persona que no te gusta: *María*, ...

12. Otra frase que repites mucho (en español): *¡No me lo podía creer!*, ...

13. Elige:
a) bolsa.
b) carta.

14. Un color: *azul*, ...

15. Otro adjetivo para describir un estado de ánimo: *enfadado*, ...

b. **The following story contains some mistakes with the use of past tenses. Read the story and underline 14 verbs in the past that are not used in the correct tense.**

> Era un día muy **aburrido**, estuvimos en **verano** y hacía **calor**. Iba a **mi casa** y me encontraba con **Carlos**, estuvo muy **guapo**. Nos saludamos y me invitaba a **ir al cine**. ¡Qué suerte!, pensé. Después, íbamos a un bar. Había mucha gente, pero podíamos sentarnos en una mesa. Pedíamos solamente dos **cafés**, pero la camarera tardaba mucho… yo estuve un poco **nerviosa**, no sabía qué decir… y de repente aparecía **María**. ¡No me lo podía creer! Venía con una **caja** en la mano, creo, no se vio muy bien; pero fue **azul**. Carlos vio la **caja**, me miró y se levantaba. Estaba **enfadado** y se iba. No entendí nada, hasta que sonaba el despertador y me desperté.

c. **Now write your own story replacing the highlighted words with those you have written in Activity a. Be sure to correct the verbs from Activity b you indicated were in the wrong tense.**

> ....
> ....
> ....
> ....
> ....
> ....

8.11. Select the correct options to complete two famous Spanish love stories. ¡Atención! Be sure to choose the option that is grammatically correct to reconstruct these real stories.

The story (1):

LOS PROTAGONISTAS
Alfonso XII (1857-1885). Rey de España en el periodo 1874-1885. Hijo de Isabel II.
María de las Mercedes (1860-1878). Infanta de España. Hija de la hermana de Isabel II y del duque de Montpensier (hijo del rey de Francia).

Alfonso y Mercedes

◼ **a)** se conocieron en una reunión familiar.

◼ **b)** se conocían en la boda de la hermana de Alfonso.

La reina Isabel II

◼ **a)** daba un discurso político porque quiso dar la enhorabuena a los novios.

◼ **b)** dio una fiesta porque quería mostrar a los españoles que eran una familia real unida.

Alfonso y Mercedes

◼ **a)** se enamoraron desde el momento en que se vieron. La infanta era una mujer bellísima.

◼ **b)** ese día no se gustaban mucho. La infanta fue demasiado joven.

Cuando la reina Isabel se enteró de la noticia,

◼ **a)** se enfadó muchísimo porque el padre de Mercedes, el duque de Montpensier, era un conspirador.

◼ **b)** se alegraba muchísimo porque así conseguía buenas relaciones con el padre de Mercedes, el duque de Montpensier.

Sin embargo, la reina Isabel

◼ **a)** prohibía la relación, pero los jóvenes empezaban una relación por correspondencia: se mandaron cartas diariamente.

◼ **b)** no pudo hacer nada para evitarlo. Los jóvenes empezaron una relación por correspondencia: se mandaban cartas diariamente.

Hasta que finalmente, la Casa Real

◼ **a)** anunció la boda y se casaron, por amor, el 23 de enero de 1878.

◼ **b)** anunciaba la boda, pero Mercedes moría días antes de la ceremonia.

El final:

Mientras el rey Alfonso luchaba en la guerra, Mercedes

◼ **a)** empezó a enfermar: estaba muy delgada y pálida. Los médicos le diagnosticaron tuberculosis.

◼ **b)** se desmayaba varias veces: estuvo embarazada.

El 27 de junio de 1878 Mercedes

◼ **a)** tuvo su primer hijo que le causaba su muerte. Tuvo solamente 18 años.

◼ **b)** murió a causa de su enfermedad. Tenía solamente 18 años.

The story (2):

LOS PROTAGONISTAS
Felipe (1968). Príncipe de España. Hijo de Juan Carlos I y Doña Sofía.
Letizia (1972). Futura reina de España. Hija de una enfermera y un periodista.

Don Felipe y Letizia

◼ **a)** se conocieron a mediados de 2002. Estaban en una cena en casa del periodista Pedro Erquizia.

◼ **b)** se conocían a mediados de 2002. Estuvieron en el estudio de televisión donde Letizia trabajó.

En la entrega de los premios Príncipe de Asturias

■ **a)** se iban juntos cuando terminaba el acontecimiento.

■ **b)** se volvieron a ver. Ella estaba cubriendo la noticia.

En la primavera de 2003

■ **a)** la prensa se enteraba y dejaban de verse.

■ **b)** la relación se consolidó y las vacaciones de verano las pasaron juntos.

A partir de ese momento, la relación entre ellos estaba clara y

■ **a)** continuaron viéndose en casa de amigos íntimos de don Felipe. Se citaban en secreto en Madrid y en Barcelona.

■ **b)** el príncipe la llamaba y la pidió en matrimonio, pero ella no estuvo segura y rechazaba la petición.

Finalmente, la Casa Real el 1 de noviembre de 2003

■ **a)** anunció el compromiso: fue una gran sorpresa para los españoles. Nadie sabía nada.

■ **b)** contestaba a las preguntas de los periodistas y negaba la relación.

Letizia era una mujer que no pertenecía a la realeza y

■ **a)** la población española reaccionó bien ante la noticia y aceptó la relación. Era una boda por amor.

■ **b)** la población española rechazaba la relación, quiso una reina con tradición.

El 22 de mayo de 2004

■ **a)** se casaron en la catedral de La Almudena de Madrid. Había 1400 invitados.

■ **b)** tenían problemas con la reina y comunicaban a la prensa una separación temporal.

8.12. **a.** **Write two diary entries about the first time Pedro flew on a plane and the first time he went to a concert. Decide which of the following phrases apply to each event and write the numbers in the appropriate section.**

1. Ir con la banda de amigos.
2. Tener diez años.
3. Ser hace mucho tiempo, yo tener 16 años.
4. Pero ¡qué desilusión! Parecerme igual que ir en autobús.
5. Ser inolvidable.
6. Ser un viaje a Londres.
7. Ir con mis padres y yo estar muy nerviosa.
8. Ir a ver a Miguel Ríos.
9. Esa mañana despertarme muy pronto y ducharme, vestirme y desayunar, todo muy deprisa. Mis padres estar sorprendidos.
10. Ser un concierto de rock.
11. Pero yo querer llegar lo más pronto posible al aeropuerto.
12. Y tomar el avión.
13. Ir todos, unos doce o así.

La primera vez que tomé un avión.	La primera vez que fui a un concierto.

b. **Reconstruct the entries in Pedro's diary using the phrases you selected. Be use to use the correct past tenses.**

La primera vez que viajé en avión ....

....

....

....

....

La primera vez que fui a un concierto ....

....

....

....

....

Soler + infinitive

8.13 **Write the following sentences again using the verb *soler* + infinitive.**

a. Cuando eras pequeño, ibas de vacaciones a la playa con tu familia.
   Cuando eras pequeño, solías ir a la playa de vacaciones con tu familia.
   ....

b. Antes de casarse, Alberto vivía solo.

   ....

c. Antiguamente las mujeres no trabajaban fuera de casa.

   ....

d. Hace 30 años las familias comían siempre juntas.

   ....

e. Cuando estaba en la escuela me levantaba muy temprano todos los días.

   ....

f. El año pasado leíamos el periódico todas las mañanas.

   ....

g. El verano pasado salían de fiesta todos los días.

   ....

h. Cuando mi madre era más joven, tocaba el piano.

   ....

i. El mes pasado Juanjo iba al gimnasio todos los días.

   ....

j. Cuando iba a la playa, me bañaba en el mar.

   ....

DESTREZAS

Hablar

8.14. **Apologize to your classmate for each of the following things you did.**

a. Has llegado tarde a clase.

b. Tienes una mascota pero has olvidado ponerle comida.

c. Gritaste a un compañero.

d. Rompiste los pantalones que tus padres te compraron ayer.

e. Rompiste el juguete favorito de tu hermano pequeño.

f. Olvidaste regar las plantas.

Escribir

8.15. Write a story based on the following six images. Begin with the expression given.

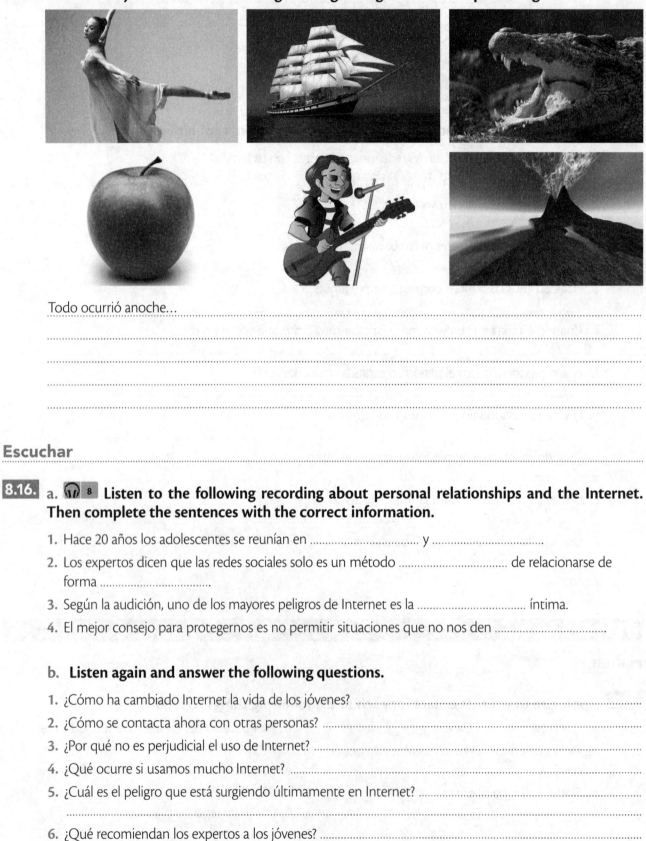

Todo ocurrió anoche...

....

....

....

....

....

Escuchar

8.16. **a.** 🎧 **8** Listen to the following recording about personal relationships and the Internet. Then complete the sentences with the correct information.

1. Hace 20 años los adolescentes se reunían en .... y ....

2. Los expertos dicen que las redes sociales solo es un método .... de relacionarse de forma ....

3. Según la audición, uno de los mayores peligros de Internet es la .... íntima.

4. El mejor consejo para protegernos es no permitir situaciones que no nos den ....

b. Listen again and answer the following questions.

1. ¿Cómo ha cambiado Internet la vida de los jóvenes? ....

2. ¿Cómo se contacta ahora con otras personas? ....

3. ¿Por qué no es perjudicial el uso de Internet? ....

4. ¿Qué ocurre si usamos mucho Internet? ....

5. ¿Cuál es el peligro que está surgiendo últimamente en Internet? ....

....

6. ¿Qué recomiendan los expertos a los jóvenes? ....

Leer

8.17. **Read the following legend and select the correct answers to the questions.**

La leyenda de la Casa de las Siete Chimeneas

En la Plaza del Rey, en Madrid, se encuentra una vieja casa del siglo XVI, conocida como "Casa de las Siete Chimeneas", que sorprende por sus bellas columnas y las siete chimeneas de su tejado.

Se cree que fue el hijo del rey Carlos V (el futuro rey Felipe II) quien la construyó para su amante, Elena. Poco después de su construcción, Elena se casó con un capitán del ejército llamado Zapata. Después de la boda, el capitán tuvo que marchar a la guerra de Flandes, donde murió. Ella quedó desolada, no podía dormir ni comer. Finalmente, murió. Pero no todos creyeron que Elena murió de pena…

La gente contaba que Elena tenía un amante, Felipe II, que iba en secreto a su casa. Los rumores se extendieron rápidamente cuando Elena fue encontrada muerta en su habitación, e incluso se afirmó que había sido asesinada. Poco después de su muerte, su cuerpo desapareció misteriosamente. ¿Se quería así ocultar su muerte y su relación con Felipe II?

Sin embargo, se acusó al padre de Elena de asesinato, y varias semanas después, apareció ahorcado en la Casa de las Siete Chimeneas.

Al cabo de un tiempo, durante una fría noche de invierno, un campesino que volvía a su casa afirmó haber visto una sombra que caminaba por el tejado de la casa. El hombre aseguraba que la figura era la de una mujer de pelo largo, con un camisón blanco, que señalaba al oeste, donde vivía Felipe II, para después desaparecer misteriosamente. El fantasma reapareció durante muchos meses.

Fue a finales del siglo XIX cuando un banco compró la casa y decidió hacer reformas en el edificio. Fue entonces cuando, debajo del suelo del sótano, se descubrió un esqueleto de mujer. Aún más sorprendente fue que junto a ella se encontraron varias monedas de oro que databan del siglo XVI, la época de Felipe II.

Adaptado de *Madrid oculto (una guía práctica)*. Ed. La Librería, 2010.

1. ¿Por qué sorprende esta mansión?
   - a. Por sus chimeneas.
   - b. Por sus columnas y las siete chimeneas.
   - c. Por ser del siglo XVI.
   - d. Por ser propiedad de Felipe II.

2. Según la versión oficial, ¿quién ordenó construir la casa?
   - a. Elena.
   - b. Felipe II.
   - c. El capitán del ejército Zapata.
   - d. El padre de Elena.

3. ¿Por qué crees que la extraña mujer mira al oeste?
   - a. La casa está situada en esa dirección.
   - b. Allí vivía Felipe II y seguía enamorada de él.
   - c. Allí vivía Felipe II y reclamaba justicia por su muerte.
   - d. Allí encontraron el cuerpo de su padre.

4. Según la creencia popular, ¿cuál fue la verdadera causa de la muerte de Elena?
   - a. Murió de pena por la muerte de su marido.
   - b. Murió al dar a luz a su hija.
   - c. Murió porque la mató su padre.
   - d. Murió asesinada para ocultar su relación con Felipe II.

5. ¿Por qué crees que se aparecía la joven en el tejado?
   - a. Porque al no haber sido enterrada su espíritu no podía descansar en paz.
   - b. Porque no podía ver a su hija.
   - c. Porque quería ver a Felipe II.
   - d. Porque en realidad no estaba muerta.

6. ¿Por qué motivo se encontró un esqueleto de mujer?
   - a. Porque Felipe II ordenó revisar toda la casa.
   - b. Por casualidad, al realizar unas obras en el edificio.
   - c. Porque el banco quiso investigar.
   - d. Porque el último propietario quería limpiar el sótano.

8.18. **Read the poem *Versos sencillos* (1891) by José Martí and answer the questions below.**

Yo soy un hombre sincero
De donde crece la palma,
Y antes de morirme quiero
Echar mis versos del alma.

Mi verso es de un verde claro
Y de un jazmín encendido:
Mi verso es un ciervo herido
Que busca en el monte amparo.

Yo vengo de todas partes,
Y hacia todas partes voy:
Arte soy entre las artes,
En los montes, monte soy.

Yo sé los nombres extraños
De las yerbas y las flores,
Y de mortales engaños,
Y de sublimes dolores.

Si dicen que del joyero
Tome la joya mejor,
Tomo a un amigo sincero
Y pongo a un lado el amor.

Oculto en mi pecho bravo
La pena que me lo hiere:
El hijo de un pueblo esclavo
Vive por él, calla y muere.

Todo es hermoso y constante,
Todo es música y razón,
Y todo, como el diamante,
Antes que luz es carbón.

Callo, y entiendo, y me quito
La pompa del rimador:
Cuelgo de un árbol marchito
Mi muceta de doctor.

a. ¿Qué tipo de hombre es el protagonista del poema y de dónde es? ....
....

b. ¿Qué adjetivos o adjetivos usarías para describirte a ti mismo? ....
....

c. ¿Qué quiere hacer antes de morirse? ....
....

d. ¿De dónde eres? ¿Piensas que como el hablante tú vienes de todas partes y a todas partes vas? ....
....

e. ¿Cuál es la mejor joya según el protagonista? ....
....

f. ¿Cuál es la mejor joya para ti? ....
....

g. ¿Qué significa que pone "a un lado el amor"? ....
....

h. ¿Qué pena le hiere el pecho al protagonista? ....
....

8.19. **Listen to the song *Guantanamera* by Celia Cruz on the Internet and underline the verses you hear from the previous poem.**

PRETERIT OF REGULAR VERBS

	VIAJAR	COMER	VIVIR
yo	viajé	comí	viví
tú	viajaste	comiste	viviste
usted/él/ella	viajó	comió	vivió
nosotros/as	viajamos	comimos	vivimos
vosotros/as	viajasteis	comisteis	vivisteis
ustedes/ellos/ellas	viajaron	comieron	vivieron

VER
vi
viste
vio
vimos
visteis
vieron

■ Except for **ver**, all regular verbs have accent marks in the **yo** and the **usted/él/ella** forms. Notice how they affect pronunciation.

■ Use the preterit to express an action in the past.

Él empezó a llorar. *He began to cry.*

Juan terminó su visita cultural. *Juan finished his cultural visit.*

Yo me enojé. *I became angry.*

■ The preterit tense is used to refer to actions in the past that were performed over a period of time or repeated a number of times.

Tomás vivió en Santiago por tres años. *Tomás lived in Santiago for three years.*

Llamé a Rita cuatro veces. *I called Rita four times.*

EXPRESSIONS USED WITH THE PRETERIT

■ To talk about events in the past, you can use certain phrases to pinpoint a particular occasion or a specific time frame.

• **ayer** *yesterday*

• **ayer por la mañana / tarde** *yesterday morning / afternoon*

   Ayer por la mañana, caminé a la escuela. *Yesterday morning, I walked to school.*

• **anoche** *last night*

   Anoche, visité a mi abuela. *Last night, I visited my grandmother.*

• **el mes / año pasado** *last month / year*

   El año pasado, descubrí Puerto Rico. *Last year, I discovered Puerto Rico.*

• **hace dos días / años** *two days / years ago*

   Hace dos años, viajé a España. *Two years ago, I traveled to Spain.*

PRETERIT OF IRREGULAR VERBS

	SER / IR	DAR
yo	fui	di
tú	fuiste	diste
usted/él/ella	fue	dio
nosotros/as	fuimos	dimos
vosotros/as	fuisteis	disteis
ustedes/ellos/ellas	fueron	dieron

VERBS WITH IRREGULAR PRETERIT STEMS

New stem [u]		Endings	
andar	**anduv-**		anduve, anduviste, anduvo, anduvimos, anduvisteis, anduvieron
estar	**estuv-**		estuve, estuviste, estuvo, estuvimos, estuvisteis, estuvieron
poner	**pus-**	-e	puse, pusiste, puso, pusimos, pusisteis, pusieron
poder	**pud-**	-iste	pude, pudiste, pudo, pudimos, pudisteis, pudieron
tener	**tuv-**	-o	tuve, tuviste, tuvo, tuvimos, tuvisteis, tuvieron
		-imos	
New stem [i]		-isteis	
hacer	**hic/z-**	-ieron	hice, hiciste, hizo, hicimos, hicisteis, hicieron
querer	**quis-**		quise, quisiste, quiso, quisimos, quisisteis, quisieron
venir	**vin-**		vine, viniste, vino, vinimos, vinisteis, vinieron

LONG FORM POSSESSIVES

Singular		Plural	
Masculine	Feminine	Masculine	Feminine
mío	mía	míos	mías
tuyo	tuya	tuyos	tuyas
suyo	suya	suyos	suyas
nuestro	nuestra	nuestros	nuestras
vuestro	vuestra	vuestros	vuestras
suyo	suya	suyos	suyas

EXPANSIÓN GRAMATICAL

■ Long form possessive adjectives also follow the noun. As pronouns, they replace the noun.

>> *Es un error* **tuyo**. (adjetivo)

>> ¿**Mío**? (pronombre)

>> *Sí,* **tuyo**. (pronombre)

THE VERBS *SER* AND *ESTAR*

■ **Use the verb *ser* to talk about:**

- What a person or a thing is.
- Physical characteristics.
- What an object is made of.
- What a person or an object is like.
- Someone's nationality.
- What time it is.
- Someone's profession.

■ **Use the verb *estar* to talk about:**

- Where a person or an object is located.
- Temporary situations or conditions.

EXPANSIÓN GRAMATICAL

	SER	ESTAR
abierto	• comunicativo: *Soy una persona abierta.*	• resultado de abrir: *La tienda no está abierta a estas horas.*
atento	• gentil, amable: *El dependiente fue muy atento conmigo.*	• prestar atención: *Deberías estar más atento en clase.*
callado	• hablar poco habitualmente: *Es una persona callada y no cuenta muchas cosas.*	• no estar hablando: *¿No puedes estar callada un momento?*
delicado	• sensible: *No le digas nada a Clara sobre esto, ya sabes que es muy delicada.*	• con problemas de salud: *Mi abuela está delicada de salud estos días.*
despierto	• listo, inteligente: *Tiene solo tres años pero es muy despierto y sabe hablar muy bien.*	• no estar durmiendo: *No me gusta estar despierto a las doce de la noche.*
grave	• serio: *La situación laboral en España es grave.*	• muy mal de salud: *El doctor dijo que el paciente estaba grave.*
listo	• inteligente: *¡Qué listo eres! ¡Querías engañarme!*	• preparado, acabado: *Ya estoy lista, vámonos.*
molesto	• molestar, fastidiar: *Tener mosquitos por la noche es bastante molesto.*	• sentir incomodidad por algo: *Está muy molesto con sus hermanas y no habla con ellas.*
rico	• con mucho dinero: *Ha ganado un premio a la lotería y ahora es muy rico.*	• bueno (de sabor): *Estas lentejas están muy ricas.*

PRESENT PROGRESSIVE TENSE

■ Use **estar** + present participle to express an action in progress or the continuity of an action.
   To form the present participle:

Verbs in **–ar** ➜ **–ando**	trabaj-ar ➜ trabaj-**ando**
Verbs in **–er / –ir** ➜ **–iendo**	corr-er ➜ corr-**iendo**
	escrib-ir ➜ escrib-**iendo**

■ Irregular present participles:

leer ➜ le**y**endo	pedir ➜ p**i**diendo	dormir ➜ d**u**rmiendo	oír ➜ o**y**endo

EXPANSIÓN GRAMATICAL

■ Irregular present participles

• -ER and -IR verbs that have a vowel before the infinitive ending make the present participle using **–yendo**:
le-er ➜ *le-yendo*; *constru-ir* ➜ *constru-yendo*.

• To make the present participle of -IR verbs that undergo a vowel change in the present indicative (*e>i*) or shift from a vowel to a diphthong (*e>ie*), change the *e* to *i*: *ped-ir* ➜ *pid-iendo*; *prefer-ir* ➜ *prefir-iendo*; *desped-ir* ➜ *despid-iendo*.

• Some verbs are fully irregular: *pod-er* ➜ *pud-iendo*; *morir* ➜ *mur-iendo*; *dormir* ➜ *durm-iendo*; *ir* ➜ *yendo*; *oír* ➜ *oyendo*.

INFORMAL COMMANDS

■ Use the imperative verb form for **tú** when you want to give a command or tell someone to do something. It can also be used to give advice or suggestions.
   To form the affirmative **tú** command, drop the **s** from the present-tense form of **tú**.

Infinitive	Tú form, drop the s	Affirmative *tú* commands
hab**lar**	hablas ➜ habla	**Habla** más lentamente. *Speak more slowly.*
co**mer**	comes ➜ come	**Come** la cena. *Eat dinner.*
escri**bir**	escribes ➜ escribe	**Escribe** la carta. *Write the letter.*

Infinitive	oír	tener	venir	salir	ser	poner	hacer	decir	ir
Imperative	oye	ten	ven	sal	sé	pon	haz	di	ve

■ Verbs that **change stem** in the present tense will also change stem in the **tú** command form.

	e ➜ ie	o ➜ ue	u ➜ ue	e ➜ i	i ➜ y
	CERRAR	DORMIR	JUGAR	PEDIR	CONSTRUIR
tú	cierra	duerme	juega	pide	construye

THE IMPERFECT TENSE OF REGULAR VERBS

	HABLAR	COMER	VIVIR
yo	hablaba	comía	vivía
tú	hablabas	comías	vivías
usted/él/ella	hablaba	comía	vivía
nosotros/as	hablábamos	comíamos	vivíamos
vosotros/as	hablabais	comíais	vivíais
ustedes/ellos/ellas	hablaban	comían	vivían

■ The imperfect form of **hay** is **había**.

THE IMPERFECT TENSE OF IRREGULAR VERBS

■ There are only three irregular verbs in the imperfect tense.

	SER	VER	IR
yo	era	veía	iba
tú	eras	veías	ibas
usted/él/ella	era	veía	iba
nosotros/as	éramos	veíamos	íbamos
vosotros/as	erais	veíais	ibais
ustedes/ellos/ellas	eran	veían	iban

■ Use the imperfect tense for the following:

• To refer to actions in the past that occurred repeatedly.

Antes **salíamos** todos los fines de semana.

Before, we went (used to go) out on weekends.

• To describe people or circumstances in the past.

Mi abuelo **era** muy trabajador.

My grandfather was very hardworking.

• To "set the stage" for an event that occurred in the past.

Aquella tarde yo **estaba leyendo** en el parque cuando empezó a llover.

That afternoon, I was reading in the park when it started to rain.

VOLVER A + INFINITIVE

■ To say that an action is repeated, use the expression **volver a** + infinitive.

*Después de cenar, **vuelvo a estudiar** otras dos horas.*
After dinner, I'm going to study again for another two hours.

PRETERIT OF REGULAR AND IRREGULAR VERBS

	VIAJAR	VOLVER	SALIR
yo	viajé	volví	salí
tú	viajaste	volviste	saliste
usted/él/ella	viajó	volvió	salió
nosotros/as	viajamos	volvimos	salimos
vosotros/as	viajastéis	volvisteis	salisteis
ustedes/ellos/ellas	viajaron	volvieron	salieron

	PEDIR	DORMIR	CONSTRUIR
	e ➡ i	o ➡ u	i ➡ y
yo	pedí	dormí	construí
tú	pediste	dormiste	construiste
usted/él/ella	pidió	durmió	construyó
nosotros/as	pedimos	dormimos	construimos
vosotros/as	pedisteis	dormisteis	construisteis
ustedes/ellos/ellas	pidieron	durmieron	construyeron

	SER/IR	DAR	DECIR
yo	fui	di	dije
tú	fuiste	diste	dijiste
usted/él/ella	fue	dio	dijo
nosotros/as	fuimos	dimos	dijimos
vosotros/as	fuisteis	disteis	dijisteis
ustedes/ellos/ellas	fueron	dieron	dijeron

andar	**anduv-**		anduve, anduviste, anduvo, anduvimos, anduvisteis, anduvieron
estar	**estuv-**	-e	estuve, estuviste, estuvo, estuvimos, estuvisteis, estuvieron
poner	**pus-**	-iste	puse, pusiste, puso, pusimos, pusisteis, pusieron
poder	**pud-**	-o	pude, pudiste, pudo, pudimos, pudisteis, pudieron
tener	**tuv-**	-imos	tuve, tuviste, tuvo, tuvimos, tuvisteis, tuvieron
haber	**hub-**	-isteis	hube, hubiste, hubo, hubimos, hubisteis, hubieron
hacer	**hic/z-**	-ieron	hice, hiciste, hizo, hicimos, hicisteis, hicieron
querer	**quis-**		quise, quisiste, quiso, quisimos, quisisteis, quisieron
venir	**vin-**		vine, viniste, vino, vinimos, vinisteis, vinieron

E>I	
divertirse ➡	divirtió, divirtieron
mentir ➡	mintió, mintieron
sentir ➡	sintió, sintieron
pedir ➡	pidió, pidieron
medir ➡	midió, midieron
reír ➡	rio, rieron
despedir ➡	despidió, despidieron
elegir ➡	eligió, eligieron
impedir ➡	impidió, impidieron
repetir ➡	repitió, repitieron
seguir ➡	siguió, siguieron

O>U	
morir ➡	murió, murieron

I>Y	
construir ➡	construyó, construyeron
oír ➡	oyó, oyeron
creer ➡	creyó, creyeron
caer ➡	cayó, cayeron
sustituir ➡	sustituyó, sustituyeron
leer ➡	leyó, leyeron

UNIDAD 6

THE SUPERLATIVE

■ The superlative expresses the best and the worst within a group.

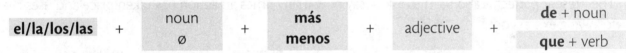

| **el/la/los/las** | + | noun ∅ | + | **más menos** | + | adjective | + | **de** + noun / **que** + verb |

*Mis sobrinas son las niñas **más** guapas **de** la familia.*

■ To express the idea of extremely, add **–ísimo/a/os/as** to the adjective o adverb.

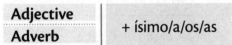

| Adjective / Adverb | + ísimo/a/os/as |

■ Rules

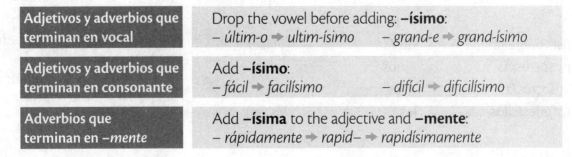

Adjetivos y adverbios que terminan en vocal	Drop the vowel before adding: **–ísimo**: – *últim-o* ➡ *ultim-ísimo* – *grand-e* ➡ *grand-ísimo*
Adjetivos y adverbios que terminan en consonante	Add **–ísimo**: – *fácil* ➡ *facilísimo* – *difícil* ➡ *dificilísimo*
Adverbios que terminan en –mente	Add **–ísima** to the adjective and **–mente**: – *rápidamente* ➡ *rapid–* ➡ *rapidísimamente*

THE PRESENT PERFECT

■ The present perfect is formed with the present tense of **haber** + past participle.

yo	he
tú	has
usted/él/ella	ha
nosotros/as	hemos
vosotros/as	habéis
ustedes/ellos/ellas	han

viaj**ado** (–AR)
com**ido** (–ER)
viv**ido** (–IR)

Irregular past participles			
morir ➡ **muerto**		escribir ➡ **escrito**	
abrir ➡ **abierto**		ver ➡ **visto**	
poner ➡ **puesto**		hacer ➡ **hecho**	
decir ➡ **dicho**		volver ➡ **vuelto**	
romper ➡ **roto**			

■ The present perfect describes actions that have recently occurred. It is often used with the following expressions of time:

• esta mañana / tarde / semana / noche	• últimamente
• este mes / año / fin de semana / verano	• hace 10 minutos / dos horas / un rato
• hoy	

>> ¿Qué ha hecho tu padre **esta tarde**?
>> Ha visto una película de DVD.

■ The present perfect is also used to ask or say how many times an action has taken place and uses the following expressions:

• ya	• aún no	• nunca	• (n.º) veces
• todavía no	• alguna vez	• varias veces	• jamás

>> ¿Has viajado **alguna vez** en avión?
>> No, **nunca**. Me da miedo.

DIRECT AND INDIRECT OBJECT PRONOUNS

	Direct object pronouns	Indirect object pronouns
yo	me	me
tú	te	te
usted/él/ella	lo / la	le (se)
nosotros/as	nos	nos
vosotros/as	os	os
ustedes/ellos/ellas	los / las	les (se)

• Order of the pronouns:
indirect object + direct object
Te (a ti) *lo* (el libro) *he dejado encima de la mesa.*

• **le / les + lo, la, lo, las ➡ se + lo, la, los, las**
(El libro, a él) *~~te~~ lo he dejado encima de la mesa.* ➡ *Se lo he dejado encima de la mesa.*

CONTRASTING THE IMPERFECT AND THE PRETERIT

The imperfect

■ Use the imperfect to describe ongoing or habitual actions in the past.

*Aquel día **llovía** mucho.*

*Antes yo siempre **iba** a la playa de vacaciones.*

■ The imperfect is often used with the following time expressions:

Todos los días / años / veranos…

Antes…

Siempre…

A menudo…

Muchas veces…

A veces…

*Todos los veranos **íbamos** de camping.*

*Antes **era** más común escribir cartas.*

The preterit

■ Use the preterit to talk about specific actions that began and ended at a fixed point in the past.

*Ayer **fui** en bici a clase.*

*El año pasado **fui** de vacaciones a Ibiza.*

■ The preterit is often used with the following time expressions:

La semana / primavera… **pasada**

El fin de semana / año / mes… **pasado**

Hace tres días / dos años…

Ayer / **anoche** / **el otro día**…

En verano / otoño /1 980…

Una vez…

***Ayer** vimos una peli muy buena.*

***El otro día** no fui a clase.*

***En marzo** viajé a Bélgica.*

INDEFINITE PRONOUNS

People	Things	People and things
alguien ≠ **nadie**	**algo** ≠ **nada**	**alguno/a/os/as** ≠ **ninguno/a**
» *¿**Alguien** ha visto mi libro?*	» *¿Quieres **algo** de comer?*	» *¿**Algún** chico es de Francia?*
» *No, **nadie**.*	» *No quiero **nada**, gracias.*	» ***Ninguno**.*
		***Algunos** de mis amigos hablan francés.*

INDEFINITE ADJECTIVES

People and things
algún/a/os/as ≠ **ningún/a/os/as**
*No hay **ningún** chico de Francia.*
*Tengo **algunos** libros que te van a gustar.*

■ The plural forms **ningunos / ningunas** are not typically used as adjectives, only **ningún** and **ninguna**.

USING THE PRETERIT, IMPERFECT AND PRESENT PERFECT

Preterit

■ Use the preterit tense to talk about actions that were completed at a fixed point in the past.

*Ayer **llevé** la bici a clase.*

*El año pasado **fui** de vacaciones a Ecuador.*

Imperfect

■ Use the imperfect to describe ongoing or habitual actions in the past.

*Cuando **tenía** ocho años, **vivía** en San Juan y **llevaba** pantalones cortos todos los días.*

*Antes yo siempre **iba** a Florida de vacaciones.*

Present Perfect

■ Use the present perfect to say what a person has done. You generally use it in the same way you use its English equivalent. To form the present perfect in Spanish, combine the present of the auxiliary verb **haber** plus the past participle of the main verb.

*Ya **he aprendido** mucho de mi profesor de Matemáticas.*

*Luis y Rob **han comido** aquí.*

SOLER + INFINITIVE

■ Use the verb **soler** in the present tense plus infinitive to indicate that someone does something as a habit or customary practice.

*Yo **suelo ir** en autobús a la escuela, pero a veces, cuando hace buen tiempo, voy en bici.*

I tend to take the bus to school, but sometimes, when it's nice out, I ride my bike.

■ Use the **imperfect** of the verb **soler** + infinitive to indicate that someone did something as a habit or customary practice.

*Antes **solía** comer en la escuela, pero ahora como en casa de mis abuelos.*

Before, I tended to eat at school, but now I eat at my grandparent's.

CREDITS

The authors wish to thank to many peoples who assisted in the photography used in the textbook. Credit is given to photographers and agencies below.

Page 6, activity 1.7: *Menorca, España* – Kalinda7. Col. iStock | **Page 11, activity 1.17**: *Pueblo de León, España* – Siur. Col. iStock / *Casa de piedra, España* – Cipango27. Col. iStock | **Page 13, activity 1.22**: *Ruinas mayas, México* – Yyyahuuu. Col. iStock / *Puente colgante en Costa Rica* – Medioimages/Photodisc. Col. Photodisc / *Parque Güell, Barcelona, España* – Fazon1. Col. iStock | **Page 14, activity 2.1**: *Famosos* – Digital Vision. Col. Digital Vision | **Page 14, activity 2.2**: *Noticias* – Oleksiy Mark. Col. iStock | **Page 22, activity 2.22**: *Habitación desordenada* – Fuse. / *Cine* – Hammondovi. Col. iStock / *Pizzería* – Shoot_nik. Col. iStock / *Computadora* – Ingram Publishing | **Page 23, activity 2.25**: *Italia* – Ivary | **Page 25, activity 3.2**: *Centro comercial* – Jack Hollingsworth. Col. Photodisc / *Frutería* – Roi Brooks. Col. iStock / *Madre e hija en el supermercado* – Jupiterimages. Col. Polka Dot | **Page 26, activity 3.2**: *Dependienta hablando por teléfono* – Jupiterimages. Col. Goodshoot / *Mujer comprando ropa* – Eileen Bach. Col. Photodisc | **Page 32, activity 3.21**: *Muchacha española* – EkaterinaBondar. Col. iStock / *Muchacho mexicano* – CREATISTA. Col. iStock / *Muchacha argentina* – Mark Hatfield. Col. iStock / *Muchacho chileno* – Juanmonino. Col. iStock | **Page 39, activity 4.20**: *Nueva York* – Tomasz Szymanski. Col. iStock / *Famosa* – Jacob Wackerhausen. Col. iStock / *Mujer siendo maquillada* – Image Source Pink. Col. Image Source / *Señal de aeropuerto* – Image Source White. Col. Image Source / *Golf* – Zoran Orcik. Col. iStock / *Campo con animales* – Wavebreakmedia Ltd. Col. Wavebreak Media / *Paleta de pintura* – Jupiterimages. Col. Creatas / *Matrimonio sentado en puente* – Jupiterimages. Col. BananaStock / *Familia desayunando* – Buccina Studios. Col. Photodisc / *Familia china en el parque* – Monkeybusinessimages. Col. iStock | **Page 39, activity 4.21**: *Game Boy* – Col. Creative Commons / *Patines antiguos* – Sergio Schnitzler. Col. iStock | **Page 40, activity 4.23**: Foto *antigua de madre e hija en la playa* – Elzbieta Sekowska. Col. iStock | **Page 40, activity 4.24**: *Andrés Iniesta* – Col. Creative Commons | **Page 41, activity 4.25**: *Misión El Álamo* – Dean_Fikar. Col. iStock / *Misión San Javier* – Apollob66. Col. iStock / *Misión San José* – Gustavo Perales. Col. iStock / *Misión Santa Barbara* – James Feliciano. Col. iStock | **Page 50, activity 5.13**: *La Alhambra* – Ingram Publishing | **Page 57, activity 6.14**: *Matrimonio japonés en hotel* – AID/a.collectionRF | **Page 57, activity 6.16**: *Estudiante sentada* – Dean Mitchell. Col. iStock | **Page 58, activity 6.17**: *La Gran Vía* – kasto80. Col. iStock / *Plaza Cibeles* – SOMATUSCANI. Col. iStock / *El Escorial* – Alberto Loyo. Col. iStock | **Page 61, activity 7.2**: *Vaca* – GlobalP. Col. iStock | **Page 63, activity 7.6**: *Mujer en laboratorio* – Anyaivanova. Col. iStock | **Page 67, activity 7.11**: *iPod* – Iatlo. Col. iStock Editorial / *Lavadora* – Konstantin Petkov. Col. iStock / *Microondas* – Oleksiy Mark. Col. iStock / *Teléfono celular* – Thomas Northcut. Col. Photodisc / *Micrófono* – Ryan McVay. Col. Photodisc / *Smile* – 3DStock. Col. iStock | **Page 70, activity 7.18**: *Chocolate* – Moremarinka. Col. iStock | **Page 72, activity 8.4**: *Señora hablando por wireless* – Purestock / *Estudiantes estrechándose las manos* – Hjalmeida. Col. iStock / *Profesor de Educación Física* – Hongqi Zhang. Col. iStock / *Disculpando a la señora* – Chunumunu. Col. iStock | **Page 77, activity 8.11**: *El Príncipe Felipe y doña Letizia* – Carlos Alvarez. Col. Getty Images Entertainment | **Page 80, activity 8.15**: *Bailarina* – Alexander Yakovlev. Col. iStock / *Barco de vela* – Alexander Lvov. Col. iStock / *Cocodrilo* – Purestock / *Manzana* – Maksym Narodenko. Col. iStock / *Rockero* – Patrick Guenette. Col. iStock / *Volcán* – CoreyFord. Col. iStock.

NOTES

NOTES

NOTES